做孩子需要的媽媽，就好

教授媽媽郭葉珍 聽、愛、馭 三步驟，
教授媽媽郭葉珍
化解衝突，讓孩子願意聽你說

suncolor 三采文化

郭葉珍 著

作者序——

與孩子同在，讓他當自己的英雄

晚上十一點多，兒子敲我房門，聲音有些緊張地說：「媽媽，我剛剛要去加油，從地下室上坡時警示燈忽然亮起來，油門變得很敏感。」

我說：「哇，那一定嚇死。」

兒子說：「對啊，差點撞上牆壁。怎麼辦？明天清晨要去載老闆和客戶到工廠。」

我判斷一下，他這時候的「怎麼辦」不是真的要問「怎麼辦」，而是正在煩惱，這麼晚了，要不要通知老闆，於是接話：「對啊，現在都十一點了，打給老闆會不會太晚？要留言嗎？」

兒子想了一下說：「等老闆起床看到留言要應變就太晚了，我再試試。」

果然兒子早已心有定見了。

電話接通了，兒子和老闆談妥應變計畫，跟我說：「處理好了，媽媽晚安。」

我說：「晚安。」

這是我和兒子日常的對話，然而我們都知道，這簡單的對話，非常容易擦槍走火，演變成一言不合，兩個人都不舒服。因此，當兒子因為車子故障而有些緊張時，我不是說「不要緊張」，也不是「好險沒事」，而是「哇，那一定嚇死。」反應了他的狀態，與他同在。

當他在思考「怎麼辦」時，我沒有指責他「到這個時候才去加油，早點去加油不就早點發現了嗎？」，我也不是直接出意見給他，而是說出他背後可能的考慮「對啊，現在都十一點，打給老闆會不會太晚？」反應了他的考慮，與他同在。

說來**每個人都有解決問題的能力，但是需要有人在慌張失措之時了解他的心情，與他同在和陪伴**。

因為有人同在與陪伴，原本被擾動的杏仁核得以安歇，有了餘裕可以啟動前額葉理性思考，想出原本就已經有的好辦法。

我們不需要當孩子的英雄，幫他解決問題。

我們只需要與孩子同在，讓他能夠當自己的英雄。

然而，要怎樣才能夠成為孩子需要的媽媽，讓孩子當自己的英雄呢？本書將如此雙箭頭親子溝通分為三步驟：〈聽—正正地看著孩子〉、〈愛—在舒服的界線下相愛〉與〈馭—不教而教〉。

在這個我與兒子的日常對話中，我就像所有的媽媽一樣，聽到兒子碰到問題時，反射動作就是想幫他解決問題。但，等一下！聽！聽聽孩子說什麼？他需要我幫忙解決問題嗎？還是驚慌之時需要有人聽他說？如果我牛頭不對馬嘴地出手幫忙，會不會反倒好心沒好報，讓兒子感到不信任而不舒服？因此，我在第一章〈聽—正正地看著孩子〉談到聽見孩子的聲音與同理的重要性。

在第二章〈愛—在舒服的界線下相愛〉中，我談到了不越俎代庖，讓孩子處理屬於自己的議題。如前述的例子，雖然我早就想好要如何解決這個燃眉之急了——開我的車載老闆、客人去不是很簡單嗎？根本不需要吵醒老闆。然而我還是勒住了舌頭，讓兒子自己想辦法，畢竟只有他才有全面性的資訊去權衡該不該把老闆吵醒。即使這是個不圓滿的決定，他也才能夠從經驗中學習，成為更好的決策者。然而當媽媽的要拿捏這個界線談何容易？在這裡，我將會使用幾個故事與您分享如何和孩子有個舒服的界線。

第三章談到〈馭—不教而教〉。不教？孩子怎麼會呢？可是教了，孩子可能不僅不感謝，還嫌囉唆，更糟的是，回家嘴巴閉緊緊不跟媽媽談心，讓媽媽好傷心。在前述的例子中，或許是我擔任過秘書、國際交流主管接待外賓時碰過驚嚇與挫折，在一次一次分享我的考量、挫折與領悟中，我的孩子沒有親身經歷也有了臨場應變的能力。我沒有特意教，但兒子的確學會了點什麼。身教是「不教而教」的一個技巧，在本章我還提到其他訓練孩子成為自己的總經理的方法。

期待在閱讀完這本書，妳能得心應手地成為孩子需要的媽媽。

目錄

STEP 1 聽

正正地看著孩子

STEP 2 愛

在舒服的界線下相愛

STEP 3 馭

不教而教的幕後推手

STEP 1
聽

正正地看著孩子——

當孩子跟你講話的時候，
要心無旁騖、眼裡心裡都是他們，
從他們的眼光去看世界，不帶任何預設批判，
去同理、去感同身受，
便能在你和孩子之間，注入充滿能量的愛之河。

取得當父母的執照

怒氣沖天只會讓你聽不到孩子的聲音，
來，靜下心，看著眼前的他，好好地聽他說。

「唉呦，髒死了，你趕快去洗手！」有一回在餐廳吃飯，隔壁桌的媽媽一邊擦桌子一邊罵孩子。

孩子小聲抗議：「妳說我不可以離開妳兩步。」

媽媽繼續擦著桌子。「髒死了、髒死了！還不趕快去洗？你快去洗手！」

孩子提高音量：「妳說我不可以離開妳兩步！」

媽媽大怒道：「我叫你去洗手，你是聽到了沒有？」

孩子這時跟著喊叫：「妳說我不可以離開妳兩步！」

媽媽盛怒之下抓著他的手，搖晃拉扯地喊：「你要我講幾次！叫你去洗手，你聽到了沒有!?」

但這孩子還是一直哭喊：「妳就說我不可以離開妳兩步！」

周圍用餐的人群逐漸安靜下來，看著這一對母子。媽媽意識到鄰桌的眼光頓了一下，降低音量說：「你那麼大聲幹什麼？」

奇怪的是，即便母子正在爭吵，同桌吃飯的爸爸，竟然是自顧自地吃著他的牛肉捲，連抬頭看一下都沒有。

我一邊慢慢吃著我的沙拉，一邊思考：「為什麼那位媽媽聽不到孩子的回答？」是因為太過焦慮（可能是對髒很敏感或是太累），把力氣都放在焦慮上，所以聽不到孩子的聲音？又為什麼那位爸爸只顧著吃東西，看都不看？是他認為管教孩子是女人的事？還是他早已學習到不要插手，以免被咬？

無論是為什麼，這都讓我想起立法委員王婉諭（小燈泡的媽媽）所說的，不是靠立法就能解決隨機殺人的問題，更重要的是家庭和教育，從根本著手。

但我也得肯定，這位媽媽一定是位用心的媽媽。其實在她進入瘋狂擦桌子的狀態之前，母子間原本的對話也很美麗，媽媽總是盡力回答孩子提出的任何問題。只是當孩子把東西撒到桌子上，她頓時就怒氣沖天，再也聽不進任何聲音。就像很多的父母，在絕大多數的時候都是好的，可一旦遇到某些壓力，便無法冷靜、無法用理性的方式來處理事情，因此只會大吼大叫。

然而，這會使得孩子又愛他的父母，又恨他的父母。在矛盾與愛恨交加之下，孩子胸中鬱著的那口氣，就可能轉換成各式各樣的結果。

就像開車要有駕駛執照才不會撞死人，或許，當父母也要有父母執照才不會傷害小孩，更進而不會傷害到別人。至少有了父母執照，會知道小孩子不乖除了打罵以外，還有別的辦法，或者沒辦法時會知道要去找人幫忙，也知道要去哪裡找人來幫。

放下焦慮，眼裡只有孩子

當然我也知道做父母的難免會覺得小孩很吵，一下子要這個、一下子要那個，讓人無法靜下心來做事。想起我在加拿大讀書時，兩個小孩年紀還小，也很常遇到這種情況。當時我是怎麼解決這問題的？

在加拿大讀書的第一年，我和朋友宜珍同住，我們各自有兩個小孩。每天我們都會帶著筆電，去公園遛小孩。第二年我搬到西島。除了過往每日的公園活動外，還加買 La Ronde 遊樂園的季票，週末時我都會帶孩子去遊樂園。他們去玩遊樂設施的時候，就是我的讀書時間。也因此回台灣後，剛好我在新竹教書，便就近買了六福村的年票，固定在每週三下午帶他們去玩。

所以我的孩子對我的印象是：我一直跟他們去玩。但其實哪有，只有他們在玩而已。

讓他們以為我一直都跟著一起玩的祕訣是——只要他們跟我講話的時候，

我所有的念頭、我的眼睛裡就只有孩子。我告訴自己：「**『人』最重要，書不會跑掉。**」**只要孩子跟我說話，我一定立即「放下」書本，心裡、眼裡只有孩子。**所以他們才會有媽媽一直跟他們在一起的感受。

因此，我的孩子們的大肌肉運動非常充足，在公園、遊樂園把能量都發洩光了，回家也能靜下來做功課，沒有「過動」的問題。而我也因為把握每個他們去跑跳的時間讀書，一點一滴地讀了不少書。

唯一的缺點是，可能他們小時候玩太多了，現在反而很宅不愛玩了。

成為父母之前，我們想像中的親子生活，
和親身經歷後的真實景況，總是有很大落差。
如果能先考到一張父母執照，
是否會更游刃有餘一點？

兔包の崩潰日記

真實生活的我vs想像中的慈母

不聽話，先抓起來再說？

鎮暴之前請讓孩子有說話的機會，
以詢問取代指責，以溫柔擁抱取代強制帶離。

梁玉剛生完老三。不僅梁玉自己，還有先生、婆婆，一整家人都累壞了。

早在懷孕期間，大人們就把四歲的老大和兩歲的老二教導得很好，讓他們學著去愛即將出生的弟弟。所以小兄弟倆在弟弟出生後，總是爭相跑來要躺在弟弟旁邊。只是老大動作快，每次都搶先占得好位置，老二看了著急也跟著要擠上去，搞得場面相當混亂。

爸爸怕哥哥們的推擠會傷到小嬰兒，一把抓住老二的雙手，強行拉到一旁。正當爸爸大聲斥責、老二掙扎狂哭之際，沒想到老大卻衝往玩具箱找出一把寶劍，接著瘋狂攻擊爸爸。頓時，大人們停下手邊動作，面面相覷。

這是什麼狀況？梁玉不解大兒子的做法，想著：「你爸這不是在幫你嗎？」而梁玉的婆婆則是擔心，這孩子將來會不會弒父啊？

梁玉想起我寫的一篇文章〈讓孩子好好說話〉，提醒大家應該先讓孩子好好說話，這時她才想到要去問老大：「為什麼要打爸爸？」老大解釋是因為看到爸爸動手打弟弟，他想保護弟弟，才會拿寶劍去打爸爸。

為此梁玉告訴我，她很感謝我寫了那篇文章，提醒他們要讓孩子好好說話，也因為那篇文章大家才看到孩子的好意。不過她還是很擔心，不知道未來孩子會不會習慣使用攻擊的方式來解決問題。

我對她說：「老三剛出生，大家都還在適應，也辛苦大家了。老大畢竟才四歲，還沒能力分辨發生什麼事，只知道弟弟被攻擊了，才會跳出來保護老二。必須要等到他再大一點，才會有分辨前因後果的認知能力，理解原來爸爸是在幫他。記得張曼娟寫過一篇文章，提到有一次她被計程車司機罵說對待媽媽要有耐心，那時她非但不惱怒反而還感到溫暖。這種被罵還會感到溫暖的情形，是腦部前額葉已經發展很成熟的人才會有的認知與感受。」我也要梁玉轉達給先生和婆婆，告訴他們：「你們家有個好孩子呢！會本能地要保護家人。」

梁玉說：「我知道要去看孩子的好，不要只看他的不好。但是這仍然無法改變孩子碰到狀況時，是否會用攻擊來解決問題的隱憂。究竟該怎麼去教老大？而他為什麼不用說的呢？」

我說：「我們先來了解一下他的表達能力。妳可以舉一個最近發生的例子，讓我知道他是如何表達需求的嗎？」

梁玉說：「這一陣子家裡一直都是又忙又累的。先生為了保護我，現在碰到狀況時都是先制止孩子吵鬧，所以他們最近好像不太有說話的機會。」

我又問：「就像妳剛說的那樣，最近都是大人利用身體高大的優勢，直接把小孩子抓起來帶離？」

「對。就像這樣，都是直接制止。我們很忙，也沒有餘裕可以聽他們說話。」梁玉回答。

「那我瞭解了，」我接著又說：「現在讓我們想像一下——想像自己的身體小小的，小到是四歲的身體；想像當妳看到家人被攻擊，而妳又想保護家人時的狀態，如果從經驗裡知道講話沒有用，這時除了拿寶劍救家人外，妳還有別的辦法嗎？」

梁玉說：「好像也沒辦法了。」

我說：「能理解他這樣做的原因之後，為了讓孩子學習用武力以外的解決方式，我們還得親自示範給他看。下次碰到有需要把孩子帶離開的狀況時，請爸爸改用抱的，不要用抓的。

至於老大用寶劍攻擊爸爸，保護弟弟的事，首先我們可以請爸爸跟老大說：『我知道你的好意。你想保護弟弟的心情，讓我們很感動，可是這樣爸爸會痛，也會受傷。』

接著再邀請孩子們一起來討論：『我們一起想想，如果下次碰到這種大家都想要和小寶寶睡覺，可是只有一個位置的時候怎麼做比較好呢？』藉由提問讓老大有機會開口說話，練習去想辦法來解決問題。這樣老大的溝通和問題解決能力自然也會越來越好，長久下來，妳的擔心也就不存在了。」

我能夠理解幼兒還小時，父母為了避免危險或想快速解決問題好換取時間休息，運用身體的優勢來鎮暴，讓問題馬上消失的心情。然而這麼做看似速效，但其實後患無窮。尤其對於小小孩來說，這意味著解決衝突只有一招——用武力來解決。所以父母碰到類似狀況時，不要只求速效，這會妨礙孩子動腦思考問題解決的方式，而是要練習用探問來取代指責。

父母教育子女，不就是希望他以後能夠適應社會嗎？在我們的社會裡，指責與攻擊他人的人是不受歡迎的，善於溝通者才能夠雙贏。因此，要孩子改之前，我們得先改，得做孩子的示範。

當我們傾聽孩子一百次，碰到問題而不動手，就會深深烙印成為孩子的一部分，以後你也就不需要再鎮暴了。

當孩子的導航

以正念同理孩子受傷的心，
用好奇、慈悲與接納的態度來回應。

有一位母親跟我分享，說她認識了我介紹的正念後，與孩子間發生的神奇改變。

以前她的女兒常常對她尖叫，說她偏心弟弟。面對著聽覺上的衝擊與被冤枉的難受，過去她總在第一時間反駁女兒「胡說」，不准她叫、不准她哭。後來想起我介紹正念時說過，人在碰到不舒服的事情時，第一個反應就是想要推開，想要趕走那個不舒服的感覺，但往往事與願違，通常越想推開這些不舒服的事反而越會走不開。

於是，她知道如果自己推開的話，可能會讓這場哭鬧再延續兩小時以上。所以這次她改變策略，決定試試我的方法：**用好奇、慈悲與接納的態度去回應**。雖然她心裡依舊擔心，害怕同理女兒後反會被死咬說：「妳看吧！妳就是偏心！」但又想，反正事情也不會更糟了，就試試郭葉老師的方法吧。

所以這次她沒有反駁，只是點點頭表示同理，然後對女兒說：「妳覺得我對弟弟偏心。」用以表示她有聽到女兒說的話。結果，她擔心的事，並沒有發生。女兒「被聽到」以後，雖然話說得更多了，但原本兇巴巴的語氣逐漸和緩下來，尖叫聲也消失了，慢慢地只剩下嚶嚶的啜泣聲，然後就冷靜下來，也開始願意聽她解釋。

帶著好奇、慈悲與接納的態度去傾聽，才讓這位母親發現，從女兒的立場來看，的確是看到一個不公平的母親，只會一味要求姊姊禮讓弟弟。

「其實我大可以責怪她，沒站在我的立場、沒考量我的難處，也可以責怪她沒看到我對她也很好。但當我用老師說的——用好奇、慈悲與接納的態度去傾聽時，注意力一下子從我自己身上轉移到女兒身上，這時我才了解她的無法。畢竟沒有人可以在自己被忽略、被偏心、被不公平對待時，還有能力去體會對方的難處與曾經的好。」

母親接著又說：「不過，我還是很好奇，為什麼去同理對方以後，我女兒就變得冷靜也可以商量、可以講理了？原本直覺以為她只會變本加厲。」

我回答：「在我的經驗當中，人一旦受到委屈，那種不理性就像在大腦裡面迷了路，走不出來，只會循著同一條神經路徑在裡面鬼打牆。這時如果別人又在外面喊：『你出來啊！你出來啊！』他只會覺得憤怒、驚恐，覺得你在說風涼話，根本不懂他實際的感覺。

但是如果這時妳帶著好奇、慈悲與接納的態度去聽，進到她所在的黑暗處，就能完全了解她看到的世界。她會覺得比較不孤單、比較不驚恐，腦部就會有餘裕去理性思考。

更因為妳和她看到的是一樣的，她的左邊是妳的左邊，她的右邊是妳的右邊，所以妳能問對問題，也就更有機會引導她從黑暗中走出來。」

而我自己又是怎麼懂得這個道理的呢？好吧，因為我是個路癡。因為我是個路癡，所以需要被好好地提點。可是每次能夠引導我走對路的，一定不是在電話裡對我吼叫的男人，最終能讓我走到目的地的，都是導航工具。

為什麼呢？因為，導航不會凶我，導航和我看到的世界是一樣的。

當我沒照它指示又走錯路時，它也只會說請試著如何如何，不會對我惡言相向；就算我真的執迷不悟一再錯過，它也只是依照我的現在位置，重新規劃、重新引導。我走錯一百次，導航就跟著調整一百次，最終總是能引導我抵達目的地。

感同身受，勝過千言萬語

以正念習得的同理心，也讓我體會到易地而處才能進入孩子的內心。

就好比小孩子吃飯常拖拖拉拉，搞得人仰馬翻的這件事，我也是從正念的學習當中得到體悟。在正念練習中，吃葡萄乾是一定要的。有次我把葡萄乾含在嘴巴裡滾來滾去、玩來玩去，覺得嘴巴裡有東西很好玩也好滿足，完全都不想吞下去，一直到最後老師說活動要停止了，我才咕嚕地吞下肚。

這種嘴巴裡有東西的好玩經驗，讓我連想到，小孩常把飯含在嘴裡不吞下去，就這麼一直耗著、吃飯時間拖很久的這道難題。因為它讓我發現：有東西在嘴巴裡真的很好玩，而且經過唾液分解後，食物甜甜的感覺也很特殊。

所以，下次若再有人問我，為什麼孩子吃飯這麼費時的問題，我一定會請他去問小朋友：「把食物含在嘴裡的感覺是什麼？」我們必須先去同理孩子的感受，了解那種有趣的感覺，再跟他解釋：「可是等等大家都要出去玩了……」或者跟他約定還可以享受多久，之後就要和大家用一樣的速度吃飯，才能來得及一起出去玩。

教科書中對擔任正念的老師有一個要求：一定要自己做過，而且做得到，才能帶領與要求學員。**碰到小朋友有行為問題時，我們都該去試試、了解為什麼他要那樣做，只有真正體會過做那件事的感覺，才能理解確實的原因。**在處理幼兒的行為時，去同理他、感同身受會讓人比較能夠採取有效的策略，就情緒上來說也會比較平靜。

面對孩子的情緒時，
該如何分辨他眼中的世界和我的理解有多大落差？
當孩子玻璃心碎滿地時，媽媽能給的就是抱抱了吧。

兔包の崩潰日記
孩子心事誰人知？
今天早上起床時，菜包還笑嘻嘻的跟我說早安。
馬麻早安♡
早安，刷牙了沒？
不到一分鐘卻哭哭啼啼的跑來…
嗚——
嗚——
馬麻半夜的時候推我!! 嗚嗚～～
我那時候醒來了…嗚～馬麻為什麼要推我？
那是因為你一直靠過來，馬麻沒位置睡了嘛!!
傻眼…
當下，我好像聽到玻璃碎掉的聲音。

有一種餓，叫周圍的人覺得你餓

告知教育會抹煞孩子自我思考、學習的能力，就讓他們去經歷、去發掘、去學會承擔。

某次去參加喜宴，同桌有一個小二生，周圍的大人們幾乎都把焦點放在他身上。宴席中有道魚，我正想專心吃的時候，同桌朋友突然招喚我。「教授妳看，這個小孩都不吃飯，怎麼辦？」朋友心急地說。

我抬起頭準備了解情況，發現小二生堅拒著大人的各種遊說，眼睛總是看著地上。

我問他：「看得出來你很不想吃。我可以知道你為什麼不想吃嗎？」

小二生說：「很難吃。」

看看桌上的食物，我發現這些食物的確都不是低年級小學生會想吃的東西，於是告訴他：「真的，雖然大人覺得好吃，但是對小朋友來說好像真的很難吃呢！」然後我問：「那，你餓嗎？」

小二生搖搖頭。

我又問：「距離等等吃東西還有一段時間，如果你現在不吃的話，等一下會餓嗎？」

小二生又搖了搖頭。

看到他的反應後，我轉頭問小二生的爸爸：「你有期待他要吃到什麼樣的程度嗎？」

小二生的爸爸想了一下，回答我說：「都可以。」

「那就沒問題了。」對著那些吆喝我去處理問題的大人們，我說：「既然對小朋友來說，東西很難吃、也還不餓，他爸爸也覺得沒事，那孩子不吃飯就沒問題了。」

同桌的大人們看我「解決不了問題」後還是不死心，指著旁邊一個女孩繼續遊說小二生：「你想不想像那個姊姊長得一樣大？」

小二生說：「她長那麼大，才要吃很多，我那麼小，吃不下這麼多。」

大人們哄堂大笑。這一笑，也開啟了大家對管教小孩吃飯的話題。

教出機器無法取代的人才

言談中，我說明了和小二生對話的意圖，以及如何共同做出決定。長久以來，華人教育傾向於「告知」，包括要做什麼、要如何感覺。譬如你何時應該要吃飯，不然就會餓；你應該要穿更多的衣服，不然就會冷。

雖然這些忠告可以在當下讓晚輩們少受苦，卻也因此讓他們少了思考、行動、體驗和自我修正的歷程。這對於現代社會希望培育出能夠自我學習，無法輕易被機器取代的職場青年來說，反而是不利的。機器是人下指令就會執行任務，但職場需要的不是機器，職場上需要的人才，是老闆提出問題後，會自己思考、整合所有資訊，做出行動的決策，再從行動的結果做出回饋的人。過程中，上司不需要時時刻刻下達指令。

這更是一個自我學習的歷程。這種自我學習歷程培養出來的職場青年，比較不會被老闆抱怨：「為什麼要我叫你做什麼，你才做，不會舉一反三嗎？」再假設今天有個狀況是，直屬上司探詢年輕員工的看法，問：「你為什麼不想開發這個客戶？」

年輕員工說：「因為這業主很難搞，與其在他的身上花那麼多時間，還不如去開發新客戶。」

直屬上司問：「不開發這個客戶，你這個月的業績可以達到嗎？」（用以了解當事人能否承擔行為後果。）

這時年輕人回答：「可以。」

直屬上司和總公司回報後，總公司也覺得沒關係，只要他能夠達到業績就可以。於是直屬上司告訴年輕人：「好，在業績可以達標的前提下，就照你的意思去做吧！」

這名直屬上司透過詢問，理解年輕人不想開發某客戶的原因，引導他評估放棄以後的後果，再合併總公司等大環境狀況後所採取的做法，會讓這個年輕人不再只是個機器，而是會思考的人。如此透過討論，根據行動結果從事自我修正的歷程，不僅會讓他進入自我學習的脈絡中，未來直屬上司在管理上也會很輕鬆。

這樣的探詢與引導，是不是很像我回應小二生不吃飯的做法？雖然來回詢問很花時間，但在這樣的過程中，所有關係人都參與了決策的過程，每個聲音也都被聽見與考量，尤其是最重要的當事人。所以，即使後來當事人發現自己的決定是任性，是真的考慮不周，譬如餓肚子了或業績沒有達標，那也是他自己發現，而不是被告知的。

於是未來他要再做類似的決定時，就會有更完善的考慮。這次雖然遭遇失敗與痛苦，但換得的經驗在未來也是很有價值的。所以，用這樣的方式來處理小小孩不吃飯的問題，也是培養他們在未來面對千萬個重要決策時，不可或缺的練習題。

讓孩子做自己的主人

像小二生不吃飯這種事，大人們總認為直接給個「命令」，可以快速解決，但我認為這樣做不但會造就他們變成容易被機器取代的人，「命令」本身更會是親子關係的殺手。所以有次在學校上課時，就要學生們以「命令」口吻為題來造句，以探討它對親子關係的影響。

學生們紛紛寫道：

「去把玩具『給我』收起來。」

「你『給我』分手。」

「手機收起來，『給我』立刻去讀書。」

「快『給我』去睡覺！」

「『給我』做完功課再去做其他事情。」

看到例句中有一大堆的「給我」，班上來自中南美洲的國際學生大感不解，同學跟她解釋，「給我」就像語助詞一樣，沒什麼意思。聽起來好像是這樣沒錯，但仔細想想，如此的語言用法是不是也傳達了，其實我們做的每件事都是為了別人，不是為了自己；所以玩具不是為自己收起來、分手也不是為自己而分手。

又譬如「聽話」是「聽『我』的話」的簡寫。主角是說話的人，而不是行為人。中文裡的「乖」，是從說話者的角度來看，但在英文中是「約束你自己的行為」（behave yourself），行為人才是主角，不是說話的人。或許這也是為什麼在我們的社會，很多人對於自己要什麼都是模模糊糊的，但對於別人要求自己做什麼倒是很清楚。頗有「活著是為了別人，不是為自己」的潛在意涵。或者「為自己而活」卻被誤以是自私自利，剝削他人了。

如果大家能夠轉個方向，不把手伸到別人的盤子裡，讓彼此有機會把自己照顧好、要求好，清清楚楚知道自己要什麼，或許人際間就會太平些。

無論是孩子或媽媽，都需要做自己的主人。
不要貿然把手伸到別人的盤子裡，
彼此間才能更和平。

兔包の崩潰日記
「過來人」的指點迷津
對了！這周末家族聚餐喔！
那…會不會有很多長輩也去？
媽媽的壓力，很多時候來自於所謂的「過來人」—長輩和親友。
他們多大啦？怎麼還沒開始學英文？
他們怎麼這麼瘦？
你們每天這樣吃營養不夠啦！

啟動孩子的前額葉

問問題來激發思考，
讓孩子親自參與、想出解決方案，
他才會更心甘情願地執行。

前一陣子因為新冠疫情的關係，許多人得在家上班、上課。一位網友跟我說，她的孩子會在家中跑來跑去，有時吵到鄰居都來抗議，但孩子就是難以控制，讓她感到相當無助。然而孩子究竟是不是像大家認為的「沒辦法控制自己」？我想用自身經驗來分享。

在我的經驗裡，發現家長可以透過「問對問題」來啟動孩子的前額葉，與孩子一起思考、一起想辦法解決。也因為這個辦法是讓孩子參與、自己想出來的，更能符合他們自己的認知，因此行動起來會更有效率，也會比較持久。

就以小孩在家跑跳，吵到鄰居的事件為例：

當鄰居來敲門說：「你家孩子吵到我們夫妻，我們都沒辦法午睡了。」這時先道歉讓對方消消火，然後請孩子也一起來，讓他們親耳聽到鄰居的困擾。注意，這是父母效能訓練中一個很重要的概念，畢竟孩子不會因為被罵就心甘情願地聽話，他只會因為害怕再被罵而勉強乖一下下，沒多久就故態復萌了。但如果孩子看到有人因為他的行為而受苦，想要照顧人的心會被激發，也會願意為了不讓對方再受苦而克制自己的行為。

在孩子也聽到鄰居的困擾後，我們便能和孩子討論如何處理這個狀況。這時家長就可依照人類思考行動的順序來引導討論，記得不要一下子跳太快，劈頭就問：「你說怎麼辦？」我建議可以採用加拿大 Institute of Cultural Affairs

（ICA）所發展的 ORID 順序來引導孩子思考。

O，指事件（Objective），屬於事實層面：

可以問孩子：「隔壁的叔叔阿姨來我們家敲門，你知道他們說了什麼嗎？」

R，指反應（Reflective），屬於感受層面：

「對於他們的困擾，你的感覺是什麼？」

「叔叔阿姨說你一直叫，跳來跳去，他們想睡午覺卻睡不著。你聽到了感覺如何？很開心嗎？還是覺得他們好可憐？」（若孩子缺乏對感覺的形容詞，可以提供他們一些選項。）

如果孩子依舊無法同理對方，可以進一步再問：「如果妹妹一直哭，你沒辦法睡覺，你會是什麼感覺？」

為什麼要去問小孩子的感覺？因為感覺常被人忽略，但是一個人在感覺害怕或覺得對方可憐時，採取的行動可能會不一樣，因此探問感覺是很重要的。

I，指意義（Interpretive），屬於詮釋層面，也就是孩子怎麼看這件事：

「你從高高的地方跳下來，很開心地大叫，讓叔叔阿姨沒辦法睡午覺，你怎麼看這件事情？」

這時孩子可能會說：「他想要睡覺，可是我想玩啊。」那我們就可以繼續問：「這樣的話我們要怎麼做，讓他們可以睡覺，而你又可以玩呢？」

D，指決定（Decisional），屬於決策層面：

孩子可能在思考之後說：「那我小聲一點。」這時我們可以再引導出更具體的做法，好比問他們：「怎樣才可以小聲一點呢？」讓孩子去動腦想出辦法，譬如不要從那麼高跳下來，或者下午時段的午覺時間不要亂叫等等。

給信守承諾的孩子鼓勵

當然，這樣做的前提，必須是與鄰居和平溝通的狀態下，才能讓孩子與鄰居直接面對面。如果對方攻擊性很強，就不適合把孩子推上火線，讓他們在遠處看著你和鄰居應對就好。

記得我女兒小學時曾被兩個男生霸凌。當時我去學校跟老師說明情況，老師竟指著那兩個當事小孩，要我直接去找他們。這其實是很危險的，如果我是一位很有攻擊性的家長，極有可能就是以霸制霸了。

當然，我不是這樣的家長，所以找到兩個小男生後，我就蹲下來看著他們的眼睛說：「我女兒說，下課的時候你們會堵住教室門口不讓她出去，因為這樣她都不敢來上學了。我覺得很難過，我的孩子被欺負了，很擔心如果她不來上學，我也沒辦法出去上班賺錢。所以我想請你們以後下課不要堵住教室門口，不要不讓她出去，好嗎？」或許是在客氣的用語和氣場強大的恩威並施之下，這兩個小朋友再也沒有來找我女兒麻煩。

雖然孩子還小，他們的前額葉，也就是理性思考的部分還沒發育完整。但為了幫助他們，未來能夠主動思考、尋找解決辦法，家長一定要問對問題來協助他們思考，做出屬於自己的決定。

當孩子做出決定並且說到做到時，家長一定要不吝嗇地給予鼓勵，增強他們願意固守承諾的行為意願。回到前例，如果一整天鄰居都沒來敲門抗議，就可以換多少的自由時間之類。

與欲望拔河時

承認吧！你我內心都有個叫做執念的任性小孩，

學會運用情緒、認知與行為，協調出更美好、更持久的人生。

有位媽媽向我傾訴困擾，她說孩子開口閉口都是：「我可以看電視嗎？」雖然她已經竭盡所能依照專家建議，去開啟孩子更多的興趣，好比買樂高來引導他喜歡建構，但才玩一下，孩子就又說：「我有玩了。那現在可以看電視嗎？」或者，帶他去圖書館看書，卻一下子就蹭過來說：「我看完了。可以回家看電視嗎？」孩子想看電視的執念，讓媽媽害怕得不得了。

但回想過去，其實我們每個人都曾經，或仍然是那個小孩，也都有過類似的經驗。別怕，你只需要拿出你與執念共處的經驗就可以。現在就來分享，我自己和渴望與執念共處的經驗。

或許是因為學期中太努力工作，想做的事情不能做，壓抑太久，所以在期末成績交出去的那天，我心裡那個頭大大只會向前衝的小孩就醒過來，開始無節制地追劇。這讓平常得睡十個小時的我，到了暑假反而睡得更少，明明身體還沒休息夠，卻想起床追劇。這種感覺就像媽媽還在睡覺，但小孩卻爬到身上跳來跳去，把他的小臉湊在妳臉旁，直問：「可以去玩了嗎？可以去玩了嗎？」所以即使明顯休息不足，還讓我眼睛痛、頭痛，全身發痛好像被人毒打一頓，可是我還是只想要追劇。

為了扭轉這個狀況，我想起了正念認知療法介紹過的論點。**人的認知、情緒與行為是連在一起的**。於是我靜下心來，對著內心那個頭大大向前衝的小孩說：「追劇，沒問題啊！可是一天只能看兩集喔。不然沒睡飽、沒休息夠，搞到全身痛，那就不好玩了。」；「當然可以追劇啊，可是一天只能看兩集喔。要不然一下追完，很快就沒得看，要哭哭了。」

是的，我允許自己心裡有個頭大大向前衝的小孩存在。事實上，這也不是我允不允許的問題，而是不管怎樣，「他」或者說這樣的「情緒」早已經在那裡了。我們能做的，就是允許情緒的存在，然後告訴他、讓他「認知」到這樣的行為會有什麼後果，再決定哪些「行為」可以做、哪些不能做，協調情緒、認知與行為，發展出更美好、更持久的人生。同理，我們也要培養孩子具備這樣的協調能力。

當然啦，你一定會想，事情有那麼簡單就好了。現實是，誰不是被情緒拉著走？沒錯，心裡那個頭大大向前衝的小孩老是會贏。但好在人總是會透過經驗來學習，會學到不能總是被情緒牽著走。就像最近因為任性追劇，使得自己身體、眼睛、頭都在痛的這件事，就讓我感到擔憂。因此我學習到，就算還沒真切感到身體、眼睛、頭疼痛之前，只要意識到自己開始有要瘋狂追劇的傾向時，便啟動停損機制。畢竟人是很實在的，只要痛過了、痛到了自會想辦法避開疼痛。

為了解決追劇的慣性，我後來選擇日行萬步，把注意力從腦部分散到身體勞動上。於是追劇這件事就變得只有愉快，而不是又喜歡又痛苦的經驗了。

適時給予選擇權

這種與內心欲望拔河的故事，讓我想起另外一位媽媽問的問題。她說，她的兒子很乖，但就是愛賭錢。看到兒子吃得差、穿得差，還被黑道威脅要砍手指，這位媽媽實在不忍心，便幫兒子把錢給還了。然而欠債還錢的惡夢非但沒有停止，反而還周而復始地不斷上演。

我跟這位一直在幫兒子還錢的媽媽說：「就讓妳兒子去給黑道砍手指頭吧！只能這樣了。如果妳一直幫他還錢，他只會認知成『反正我媽會幫我還』，他內心那個想賭博的小孩就會更加為所欲為。也可以說，妳就是妳兒子會繼續賭博的幫兇。」

回到最早提到的那個一直想看電視的小孩。「想看電視」本身並沒有問題，孩子只是把他的欲望給講出來而已，就讓我們允許這個欲望存在吧。父母要做的是幫孩子把情緒、認知與行為給梳理、銜接起來，讓它們彼此合作，創造更美好的人生。

所以，如果下次孩子問妳：「媽媽，我可以看電視嗎？」妳可以告訴他：「可以啊，你可以看電視。不過政府有規定喔，如果爸爸媽媽讓你一直看電視，看到眼睛壞掉的話，爸爸媽媽就會被罰錢，我們就沒有出去玩的錢了。而且你也會很可憐，因為眼睛壞掉也不能看電視了。這樣吧，有的國家是說，小孩子看電視不要超過兩小時，不然你一天也可以看兩小時好了。現在你來說說，要怎麼用這兩小時？」

以上這些話是很有學問的，因為——

「可以啊，你可以看電視。」

人一旦聽到「不行」，想要的東西被阻礙的時候，就會有情緒，接下來就什麼都聽不下去了。所以要先說可以，而且事實上也真的是可以啊。

「不過政府有規定喔，如果爸爸媽媽讓你一直看電視，看到眼睛壞掉的話，那爸爸媽媽就會被罰錢，我們就沒有出去玩的錢了。而且你也會很可憐，因為眼睛壞掉也不能看電視了。」

這段話是增加孩子腦袋裡的認知資料庫，讓他知道一直看電視會受到的衝擊，尤其是對自己的影響。

這不是像恐嚇他「警察來了」那樣，而是兒童及少年福利與權益保障法第43條有規定，「兒童及少年不得為下列行為……三、觀看、閱覽、收聽或使用有害其身心健康之暴力、血腥、色情、猥褻、賭博之出版品、圖畫、錄影節目帶、影片、光碟、磁片、電子訊號、遊戲軟體、網際網路內容或其他物品……五、超過合理時間持續使用電子類產品，致有害身心健康。父母、監護人或其他實際照顧兒童及少年之人，應禁止兒童及少年為前項各款行為。」這麼說可以增加孩子了解法律和自己的關係，也能知道自己的行為不僅影響自己也會影響家人。

「這樣吧，有的國家是說，小孩子看電視不要超過兩小時，不然你一天也可以看兩小時好了。現在你來說說，要怎麼用這兩小時？」

這樣的說法更是厲害。因為孩子可以規劃、可以自由選擇，會給他帶來一種很開心的感覺，再加上規劃得動動腦，這樣他也能夠練習做選擇。而且也會因為是自己規劃的，比較有承諾感。

家長如果對於孩子選擇的節目內容有疑慮，也需要用合理的理由來說服他們。至於什麼叫做合理的理由，就要請家長自己去做功課，說服孩子為什麼那些內容不好。為了孩子好，自己也跟著成長，這是當家長最美好的部分之一。

如果家裡有白板，還可以把整個規劃寫在白板上。當孩子問：「我可以看電視嗎？」你就可以說：「我們來看一下白板上的計劃。」這也可以養成孩子記事與依照計畫行事的習慣。

別說孩子了，就連我自己內心都隨時住著一個頭大大向前衝的任性小孩。說真的，像我這種人可以讀到博士、在國立大學教書，如果不是很有方法地和內心小孩相處，早就被這小孩牽著四處走，結果一事無成了。

試試看吧！至少我是用這個方法讓我的暑假可以好好睡覺，不會一直被內心小孩吵著要追劇，沒辦法好好地安靜過生活。

每個人都曾是孩子，
即使長大成人了，心中也住著一個小孩。
與孩子相處，
其實更該招喚心裡的小孩，一起來陪伴。

兔包の崩潰日記

因為我也曾是孩子，所以懂…

自我控制的學習

先預期孩子的行為可能會越線，跟他討論當行為越線時，希望爸媽怎麼提醒他。

今天捷運上的小孩特別多。深深佩服台灣的父母，對同車其他乘客的尊重，會一路緊張並小聲喝止孩子不要影響到他人，這點相當值得肯定。然而，如果出門可以更輕鬆，像是完全不需要緊盯著孩子，他們也能自我約束那就更好了！

我知道許多父母肯定會說：怎麼可能？小孩就像半獸人，若不緊迫盯人，隨時都會有狀況。為了讓自己出門可以省心一點，不如用些小技巧，幫助孩子學習自我控制。

①先預測出門後可能發生的狀況。

好比小小孩有可能想自己抓欄杆玩。這時爸媽如果怕他跌倒而抓著他，孩子就會想掙脫而哭鬧；大一點的孩子則可能會因為太興奮，大聲喧譁，即便爸媽已經盡力避免這種狀況發生，也讓孩子帶著玩具在捷運上玩，但孩子還是可能會越玩越大聲。

所以家長必須先預測孩子可能會有哪些狀況，再針對這些可能的狀況跟孩子討論。

②約定好什麼可以、**什麼不可以，並說明原因**。

在覺得孩子行為不妥當時才出聲制止，是很常見到的父母管教方式，但這個方法容易造成父母和孩子之間的對立。

因為孩子對制止的解讀有可能是，「你們什麼事都不讓我做！」爸媽則會覺得，「你哪有什麼都不能做，只有叫你不要做時我才會出聲啊！」再者，這方法也沒有機會讓孩子啟動判斷與自我控制的學習，只是被制止、被動地停下來而已。我們常抱怨孩子沒有判斷能力，但有沒有想過，或許有部分就是被動管教模式所造成的呢？

孩子得清楚知道能自主的部分有哪些、界線在哪裡，他才有準則可以判斷與決定自己的行為。

以小小孩想要自己抓著捷運欄杆，家長卻想保護他而抓緊他為例。爸媽要能預測到他會想掙脫或大哭，於是上車前可以先問孩子，等一下是想要爸媽抱抱，還是要自己抓欄杆？如果孩子選擇抓欄杆，爸媽可以告訴他沒問題（這是可以做的部分），但有可能會跌倒，那會很痛，所以他也可以選擇握爸爸的手還是媽媽的手（這是限制的部分，但因為有得選，所以孩子會有被尊重的感覺，比較不會什麼都不要）。

③討論當他的行為越線時，想要爸媽怎麼提醒他？

自我約束是人一輩子都在學習的功課，即使是成人也會需要有人提醒、有規則約束，更何況是孩子？所以爸媽得先預期小孩子有可能越線，才能在孩子真的越線時不會有劇烈的情緒波動。另外，爸媽也要先跟孩子討論，當他越線時會希望爸媽怎麼幫忙提醒他。

以避免孩子在捷運上玩到忘情越玩越大聲為例，爸爸媽媽可以先說好什麼可以、什麼不可以，並說明原因：「捷運有規定講話不可以太大聲，就像大人講手機要小小聲，所以我們玩玩具也要小小聲。」

接著討論當他行為越線時，要爸媽怎麼提醒他：「萬一你不小心說話太大聲時，你希望我怎麼提醒？」這種由孩子自己提出來的方法通常比較有效。因為是他自己提的，所以會比較敏感，爸媽一點就有用，反應也會比較正向。

然而有些孩子年紀太小，沒有辦法主動提出希望被提醒的方式，這時爸媽可以問他：「你希望我拍拍你的背？還是拍拍你的肩膀？」提出幾個方案讓他來選擇。但是要避免「抓手」這個選項，因為這動作容易引發孩子掙脫的本能反應。

④適時給予獎勵。

有些孩子不需要父母的獎勵，就能遵守約定。這時爸媽可以在下車時口頭鼓勵，明確告訴孩子做得好的部分：「你都不需要媽媽提醒，真是了不起！」

但對於比較無法控制個人行為的孩子，父母就可能得在上車前和孩子討論好獎勵措施，如果「一路上都不需要爸媽的提醒，回家就可以得到一張貼紙，集滿十張貼紙可以換一次下回要去哪玩的選擇權。」等等類似方式。

摔一次，就學會了

不需要擋在他們前面，說這個不可以、那個不行，
讓孩子受挫、吃虧，
從受傷中鍛鍊出避險的能力。

帶學生去德國交流實習，也是我能像八爪章魚般學習新知的機會，隨時準備好與過去的觀念、習慣來個衝撞。所以我常蟠踞在老師休息室，看到還沒聊過天的德國老師就伸出我的章魚爪，巴住他們問東問西，老師們一天僅有的半小時休息時間，就這麼無辜地被我纏住了。

園區一位剛完成進修的老師，帶回了新的觀念：**要孩子尊重他人的身體自主權，就要成人也先尊重孩子的身體自主權。好比他不要你碰他的身體，那就不要硬碰。**

這點我很同意。如果孩子都能先被詢問：「我可以碰你嗎？」當他回答：「不可以。」時，大人立刻停手，那他很自然就會學到，在碰別人的身體前是要先問過人家的；對方說「不」的時候，就是不。反之，如果大人問都沒問，就忽然伸手過來拉你的身體，那孩子自然會覺得隨意碰別人身體很正常。

但是問題來了。這天早上我看到一位小小孩流著鼻涕，想都沒想，直覺就是拿起衛生紙要幫他擦，沒想到他瞬間生氣說：「不要！」我只好立刻停手。我受過很好的訓練，不要就是不要，但我雖然停手了，可眼睛裡還是看到那兩條鼻涕，心裡就是過不去。然而與此同時我也意識到，教室裡其他的孩子、老師，都沒有人笑他，完全沒事般在做自己的事情、玩自己的玩具，彷彿只有我在乎那兩條鼻涕。

於是那天在教師休息室，我抓著僅有的半小時時間，向一位德國老師請問他的意見。他回答我說：「的確是這樣。好比如果有個孩子離桌子很遠，你沒問過對方就把他推向桌子靠近，那就是沒有尊重他。但這個界線的確不好拿捏，因為如果現在有個孩子衝到馬路上，你當然是先抓住他再說，而不會去問他。」

我說：「馬路這個例子比較沒有異議，畢竟不先拉住，後果可能會很嚴重，但流鼻涕這種事到底要不要強制幫忙，我就拿不定主意。不然這樣好了，我們能不能用後果來協助判斷需不需要強制碰觸？」

德國老師說：「好，讓我們來舉例，如果有個孩子在矮沙發上跳，這時該怎麼辦？」

我回答：「如果是我的話，可能會說：『我擔心你會跌倒，所以我可以請你下來嗎？』如果試了他還不聽，或是不給碰、不給試，我評估過從矮沙發掉下來不至於受重傷，那只好讓他摔一次，他就會學會了。」

聽完我的答案，德國老師又問我：「那流鼻涕呢？」

經過釐清和舉例後，我也試著用後果來評估，回覆說：「流鼻涕其實不會有什麼致命的後果，好像不需要非得馬上擦掉，所以，無論接下來是用邀請的或是玩遊戲的方式來吸引他擦鼻涕，都要比問都沒問過就強制幫他擦掉來得有教育意義。」

那陣子在德國學習的經驗，讓我發現德國的教育觀念不在追求避免小孩受傷，而是願意讓小孩透過受傷來學習。

受傷也是成長的一個路徑。想想我們自己的人生，有哪件事是聽了老人言就收手的呢？大多是吃了虧、受了傷，才願意接受那些老人的所言甚是。所以，**如果我們願意放寬心，讓小孩透過受傷來學習，而不是因為怕他們受傷，就拚命擋在他們面前說這個不可以、那個不可以，或許就不會造成親子間的衝突，孩子也能透過受傷長出避險的能力。**

透過協商釐清權責界線

前面談到尊重兒童身體自主權，與如果他們不願意，到底要不要幫他們擦鼻涕之間的兩難，這樣的兩難其實隨處可見。因為孩子會想說我流我的鼻涕、我喜歡穿破牛仔褲都是我的事，你為什麼一定要我改變呢？原則上確實是這樣，如果只是因為覺得看了礙眼，那確實是無權干涉對方的選擇。

但如果對方的行為會妨礙到他人權益，那就得讓他知道有人會受影響，並提出邀請希望他做出改變。在邀請的過程中，首先要能夠同理他，再由此引發他最良善的回應和想照顧你的心情。以小小孩不想擦鼻涕為例，他不想擦鼻涕的心情若能被了解，他就會比較願意因為你想照顧他的心情，而不至於立刻站在敵對的立場。

接著，可以試著去引發他照顧你的意願，與你站在同一邊的心情。好比跟他說：「我知道擦鼻涕不舒服。」；「我知道玩到一半被打斷很不舒服。」再接著說明自己被影響的部分，像是「我知道擦鼻涕不舒服。但是你的手碰到鼻涕黏黏的，我抱你時會不舒服，所以我想請你擦掉鼻涕，這樣抱你的時候會比較舒服。」；「我知道擦鼻涕不舒服。但是你的手碰到鼻涕黏黏的，你玩過的玩具也會黏黏的，這樣我拿到玩具時會不舒服，所以我想請你擦掉鼻涕，那我陪你收玩具的時候會比較舒服。」

既然是溝通，當然得要有來有往。在表達對孩子的同理和自己的訴求之後，還要邀請對方表示意見，譬如在上述句子後面加上，「你願意幫我忙嗎？」；「你願意擦鼻涕嗎？」這套方法看起來很簡單，但提出要求的人必須先清楚知道自己所提的要求合不合理。

如果你是說，「我覺得鼻涕很髒」。但髒鼻涕又沒有妨礙到你，這就不是一個能讓對方接受的合理訴求，而且對方還會有被攻擊的感覺。又譬如你是說，「鼻涕會傳染病菌」。可有些時候流鼻涕只是因為過敏，這樣說法會讓孩子誤以為流鼻涕就是生病，雖然也能達到效果，卻傳達了錯誤的訊息，不是個好的教育方式。

所以如果你用「玩具黏黏的，摸到會不舒服」來提出訴求，那孩子就知道他的鼻涕對你的影響了。基於你先前有照顧到他的心情，他也會比較有反過來照顧你的意願，因而想做出改變。

然而在某些狀況，孩子的行為並沒有妨礙到父母的權益，孩子也就沒有義務做出改變。以孩子愛穿破牛仔褲為例，這件事既沒有影響到父母的生活起居，更沒有影響到父母的工作，純粹是爸媽擔心爺爺奶奶叨念。這時候做父母的可以跟長輩解釋這是現在的時尚，不去干涉孩子的自主權，也可以試著請孩子幫忙，跟他說：「我知道你很喜歡這條褲子，但是阿公阿嬤看到一定會碎念，而且會罵我。所以我想請你幫個忙，去阿公阿嬤家時換一條沒有破洞的褲子，好嗎？」至於孩子願不願意幫忙，那就是他個人的自由了。

人與人之間的權責界線，就是這樣透過一次又一次的協商與討論，才慢慢

變清楚的。記得和前夫剛離婚時，朋友們還不太習慣。有一次我和前夫、前夫當時的女朋友，一起出席共同朋友的聚會，有個朋友一時忘記我們已經離婚了，看到我前夫變胖，立刻指著我說：「妳都不管管他。」

當時，我沒有多想便回說：「他現在已經不歸我管了。」一邊指了指前夫的女朋友。事後前夫的女友跟我說：「每個人都要為自己的行為負責。為什麼會有誰歸誰管的問題呢？」的確，雖然我知道每個人都要為自己負責，但一直到現在，我仍然不斷地在釐清與協商責任的歸屬——這件事我有沒有權利插手，以及我為什麼要插手等等。

或許一開始很難，但是透過一次又一次的協商和釐清，彼此的邏輯會越來越強、共識也越來越清楚，漸漸地彼此間的衝突就會變少。整體來說，這是一個值得花時間學習的溝通歷程。

多花幾分鐘，後續才輕鬆

讓孩子學會自救，
允許他們去探索自己喜歡的、不喜歡的，
為自己發聲，而不是依賴別人拯救。

從前面我們提到「兩條鼻涕」的例子、從自小就尊重孩子身體自主權這件事，或許已不難看出，為什麼在西方國家長大的人比較獨立自主，而且清楚知道自己要什麼。尤其在德國學習到的教育方法中，我發現最少的干涉與不去阻止事情發生，是讓孩子們學得經驗教訓重要的一環。

記得實習的第一天，因為是難得的好天氣，整個園所的孩子都被帶去遊樂場玩（德國的家長十分重視孩子有沒有出去玩）。在觀察教師與幼兒的互動過程中，我真心覺得德國的幼兒園非常注重培養孩子獨立自主、解決問題的能力。當然，現在台灣的幼兒園也很重視孩子這方面的能力，只是親眼見到德國老師們的實際做法時，我的心還是震動了好幾下。

那天我看到一個兩歲的幼兒在沙坑上跌倒，身體整個仆街，放聲大哭。很快地，兩位老師走上前，卻沒有人伸手去扶孩子，僅僅蹲在他身旁問：「你還好嗎？」事後我問其中一位老師，為什麼不扶他？老師回答這是要給孩子機會，讓他用自己的方式站起來，如果馬上伸手幫他解決，就看不到他解決問題的能力到哪裡，也會養成孩子依賴他人拯救的習慣。

後來，又看到一個小朋友想從高處下來，嘴裡發出「嗯嗯」的聲音，伸出了手，很明顯就是要老師抱。其實老師抱他下來只要花一秒鐘，但老師卻沒這樣做，只是問他：「你需要我幫忙嗎？」孩子點點頭。老師說：「那你可以開口跟我說：『我需要你幫忙。』」孩子接著說：「我需要你幫忙。」然而老師還是沒有抱他，只是教他如何轉身，用安全的方式自己爬下來。前後大概花了五分鐘。

從以上這兩個例子可以看出，德國老師在處理幼兒受挫時，相當重視培養孩子自救的能力，即使會花上比較長的時間。德國老師告訴我：「只要麻煩一次，後續才會輕鬆，也不用一直幫他，不是嗎？」

我也曾經向不同的德國老師請益——有次我看到一位小朋友就要動手打另一個小孩了，在場的老師也有看到，但是反應卻很淡定，沒有做任何的處理。我問他為何不做預防性的警告，而是讓爭執發生？老師解釋，畢竟得要有事情真的發生了，才有機會依據狀況來引導孩子思考，除了伸手打人還有沒有其他的解決辦法？

老師又進一步說明：「如果永遠都在事情發生前做預防，那孩子怎麼學到當大人不在身邊時，要如何處理類似的事情？」的確，我回想自己在孩子發生偷竊、說謊的事件時，向來不會緊張，畢竟人一**生都在學習與自己的欲望共存，只有發生了，才有機會討論**。

但是據我對台灣家長的了解，這種做法可是會有很大的爭議。尤其在幼兒園，如果家長透過監視器看到一個孩子作勢要打另一個小孩，而老師只是靜靜地在旁觀察而不阻止的話，這可能會鬧上新聞吧？

對於我的疑慮，德國老師說，他們會在親師座談會時和家長說明一個理念：你的孩子在這裡可能會被打、被咬，但我們會透過這個機會，教育孩子要為自己發聲，而不是永遠都依賴別人的拯救。

而從台灣來的實習生們也在午餐時，觀察到德國孩子吃得髒兮兮，褲子、衣服上都是菜，甚至不吃東西也沒關係。但依照他們在台灣實習的經驗，小孩不吃東西是很嚴重的問題，不僅要用很多方法吸引孩子吃，還要吃得有規矩。

對此，我問德國老師：「德國以紀律聞名，但我發現你們給小孩很大的自由，這當中該如何運作呢？總不能一下子就從自由跳到紀律吧？」兩位德國老師彼此邊討論邊回答我的問題，他們認為上一輩的德國人的確比較嚴謹，但隨著教育思潮的演變，家長也開始有所不同。幼兒園會在孩子入園時和家長簽約，告訴家長，這裡允許孩子自由探索，包括探索自己喜歡什麼、不喜歡什麼，也可以自由表達自己對某種食物的喜歡與不喜歡。這樣他們才會有創意、才會了解自己，會表達自己想要什麼、不想要什麼。

回到一開始所講的，為什麼在西方國家長大的人比較獨立自主，而且清楚知道自己要什麼。我想從這些德國老師們給我的回饋——**以最少的干涉好讓孩子們取得經驗**，就已經是這問題的答案了。

超前部署的吃苦實驗

與其讓他把所有的力量都拿來對抗父母，
還不如讓他自己去發現不舒服的地方。

一位四歲孩子的媽媽問我說：「老師，我想問一下，如果小孩很固執，怎麼溝通或打也沒用，能拿他怎麼辦呢？」

我說：「碰到孩子固執時真的很頭痛。可是什麼情況需要打他呢？」

媽媽回答：「譬如請他把安全帽拿下來，但不管怎麼好言相勸，他就是一直叫著：『我不要！我不要！』也沒有什麼理由。就連平常好脾氣的爸爸，也會勸到受不了想動手打人，但孩子卻依然故我，不要就是不要。他還會說我們是壞爸爸、壞媽媽，以後不要跟我們住，要換爸爸媽媽。」

我問：「那有沒有可能就讓他一直戴著，直到他自己想要脫掉呢？」

媽媽大驚，「你是說就順著他，讓他戴著去洗澡、做其他事情嗎？」

我解釋：「是的。我知道聽起來很不可思議，但我認為這是一個超前部署的實驗。這種做法或許會讓孩子明確感受到不舒服，與其把所有力量都拿來對抗父母，還不如讓他自己去感受這樣做其實是不舒服的。

好比有些孩子，不管是男孩女孩，會為了反抗父母故意去跟不適當的人在一起，也因為用盡所有的力量想跟父母對著幹，沒有多餘力氣理性思考，以致忽略了跟不適當的人在一起的不舒服感。

這種教養方法，會讓他透過自然的回饋，學到避開危險與痛苦的長久之計。」

說到這，我忽然想起如果孩子戴著安全帽四處走來走去，媽媽可能會覺得很丟臉，於是補充一句：「其實像安全帽這種小事，讓他自己去承擔一些後果，父母都還不會太難看。要是都發生大事了，他還不知要承擔，搞到最後變成更嚴重的事情時，那時父母才是真的難看。」

媽媽：「所以他不吃飯也是一樣嗎？你的意思是，不要用『我是為你好』的方式來逼他，讓他不是只想著反抗我，讓他乾脆去承受後果？」

我微笑說：「是的。人的本能就是餓了會想吃，還沒聽說過有哪個小孩餓死的。」

媽媽：「我好像懂了一點。因為我自己就是你說的那種，會卯起來跟父母對幹，而忽略自己不舒服的人。所以現在我應該改變自己，不要讓孩子跟過去的我一樣。謝謝老師！」

「太好了。」我說：「對了，再提供一個祕訣給妳參考。當孩子在承擔後果的時候，千萬不要說：『你自己活該！』而要說：『好的，我尊重你的選擇，如果你有不舒服的地方再告訴我。』因為這是一場實驗，不是一種處罰。」

面對不舒服，人類都會有離苦得樂的本能。如果我們因為怕孩子受苦，就把孩子的苦強制拿掉，那他們就失去學習保護自己、離苦得樂的能力。

就讓我們超前部署，先**讓孩子受點小苦，學習自己做決定、自己承擔後果，來激發孩子覺察痛苦與避開危險的本能吧。**

在孩子因失敗而沮喪時，
成為他身後的那座穩穩靠山。

兔包の崩潰日記
成為兒子永遠的支撐
馬麻，我問你喔
我是不是很笨啊？
!?
怎麼會這樣想呢？
太負面了吧
你知道嗎，你才不笨呢！笨小孩不會像你這樣腦筋動得快，才這麼調皮搗蛋！

把洪水猛獸當成資源

允許孩子走進一扇他想進去的門，
就算你不覺得那門裡有什麼，
但難保他不會從那裡再打開另一扇門。

「我花了好多錢給小孩學才藝，盡量充實他的人生，但他常是學一學就不學了。我很焦慮，他這樣沒有恆心，要怎麼找到自己的潛能、開發潛能呢？」一位心急的媽媽問我。

我看了一下孩子的時間安排，安親班、心算、空手道、鋼琴……很明顯的這孩子沒什麼自己的時間。「哇！我覺得妳的孩子好像在跟妳打網球，妳發一顆球過來，他就得打回去，妳再發他再打，要是一直這麼忙下去，他的潛能大概也沒有時間和機會冒出頭。」

媽媽說：「有啊，我有給他時間探索啊。可是他就一直沉迷於電動，我為了不讓他打，才想盡辦法把時間填滿。他比較有興趣的似乎是畫畫，可是畫來畫去都只會畫車子，沒什麼變化。」

我說：「人會有各式各樣的需求，就算妳現在擋著，將來有機會它還是會冒出來。即便他現在好像很乖聽妳的話不打電動，但等他上大學、妳管不到他的時候，他打電動的需求就會再度冒出來。台大葉丙成教授曾寫給大學新生父母的話就說到，大學第一個學期是最危險的。孩子在宿舍裡爸媽管不到，整個人就是無法克制一直打 LoL（電玩《英雄聯盟》）然後被二一不及格。

所以不如現在把打電動當獎勵，把洪水猛獸變成有用的資源。況且讓他有機會打，他和妳比較不會有衝突，心裡也不會那麼糾結，再加上有妳在旁邊幫忙，會讓他學到自我控制的能力，所以我認為，有計畫地允許孩子玩電動更有機會雙贏。」

媽媽似乎同意了我的看法，接著又問起畫畫的事：「那我要讓他繼續畫畫嗎？他一直畫車沒變化，美術老師有按我希望，引導他去畫別的東西，但後來他就不想去學了。因為他就只想畫車。」

我回答：「如果是我的話，我會讓他繼續畫車。就因為他對車有興趣，妳可以再引導他去注意車子除了造型以外的細節、材質、功能等等，其實車子這個領域是可以無限延伸的。現在妳不讓他把畫車子的欲望表現出來，怎麼知道後面會發展出什麼？或許他畫一畫，以後就想畫引擎、畫飛機，搞不好因此激發出他機械設計的潛能？

所以，妳現在要做的，是允許他走進一扇他想進去的門，或許妳不覺得那扇門裡有什麼，但是他有可能會從那裡再打開另一扇門。畢竟沒有人會想一直待在同一扇門裡不出來，那可是很無聊的。況且激發潛能最好的方法就是，『不要擋他的路！』現在也許一時間看不到成果，但他會從摸索、做錯中學習，會有成就感，最後就可能有新東西冒出來，而潛能就是這樣被激發的。」

父母希望小孩有所成就的那種迫切，常讓我想起之前去國外出差時，看到的那些地板上有裂痕的房子。

當時同行的長官告訴我：「通常灌漿以後要等上一段時間，等到水泥都沉了、乾了、硬實了，才可以往上蓋。但如果上頭長官急著要驗收成果，等不了，就會看到沒一會兒平地隆起城市。雖然當下看來，政績是很好沒錯，但問題卻會在未來一一浮現。就像那些地板上的裂痕。」

趕著要看到好成績的父母，就像急著要看到政績的長官，忽略了孩子其實是需要時間去內化、沉澱、練習與應用。過度目標導向，把所有力氣都投注在功課上，可能很快就看到好成績，但只注重成績的缺點或許在以後才會浮現：好比家庭不和諧、和同事關係緊張、不懂得與人合作，而這一切都是因為太重視眼前的成績，沒時間讓孩子和親戚、朋友、鄰居或同儕一起玩、一起聊天，沒機會藉著互動而來的挫折修正自己。

所以，請耐心等等，多給孩子一些時間。

突破框架，把自己撐成大船

如果小孩老是挑戰你、不按照你說的話去做，
那我要說，恭喜你！

有一天，我到一間位於大稻埕的幼兒園演講。這裡的家長素質都很高。也因為考慮到這個地區的家長很多是做生意的，所以我特別談到在AI（人工智慧）的時代，養育小孩要比以前更有挑戰。畢竟沒有老闆會願意聘請一個跟機器人一樣的員工，叫他做什麼他就做什麼。老闆會期待員工有思考，有解決問題的能力。

但是具備思考、解決問題或是有管理能力的人，肯定就不會是個聽話的

人。而他也必須是會主動質疑的人，會想說：咦，他這樣說對嗎？有沒有可能可以更好？有沒有可能我能做得跟人家不一樣，做出市場區隔或是攻占藍海？

當然，這樣的人不是一天就養出來，必須是從小培養起的。

想教養出這樣的小孩，家長可能會碰到以下的狀況：孩子總是搞東搞西，但就是不讀學校的書；老是挑戰你，不照你的話去做；別人都能好好唸完大學，可他只念一半就不念了，跑去做你覺得怎麼也不會成功的事。

如果你有這樣的小孩，很頭痛吧？但是我反而要說：「恭喜你！你的孩子是AI時代需要的人才。」

然而，要當AI人才的爸媽真是不簡單。在小孩嘗試、失敗、跌倒、闖禍時，你得像大船似的，就算被大浪衝撞內心也只會有小小的搖晃。要到達這樣的境界，你的心量要夠大，你得知道嘗試、失敗、跌倒、闖禍都是必經的過程。換言之，要當這種孩子的爸媽真正的挑戰，是如何把自己撐成大船。

但要怎樣把自己撐成大船呢？你得不斷地挑戰自己、問自己：「我的框架錯了嗎？」這些框架有沒有可能是過去適用，但隨著時代變遷需要被修正，甚至需要被解構的呢？於是，當你每拆一個框架，心中的空間就多出了一些。

那天我看到一位美麗的媽媽拆下心中的框架，讓我充滿感動。這位媽媽有個三歲女兒，她說她女兒什麼事都要自己去試，不讓別人幫。好比兩隻鞋明明就穿錯邊了，卻硬是要這樣穿，不管人家怎麼說都不聽。家中長輩不斷搖頭，對著這位媽媽說：「妳女兒這樣固執，我看青春期就會跟男人跑了。」

我好奇地問：「她現在才三歲，有什麼跡象顯示她會跟男人跑了？她喜歡跟男生在一起嗎？」

媽媽說：「沒有，就只是很堅持己見。」

我又問：「妳們家族裡有人跟男人跑了嗎？」

媽媽回答：「沒有，可是長輩就是很擔心說她會跟男人跑。」

我說：「那妳是不是覺得，女人跟男人上床不是處女以後就髒了？」

頓時這位媽媽眼睛亮了起來，說：「啊。我懂了。」

好感動。美麗的媽媽好像看清楚了什麼事情，拆掉了心裡的一座框架，她的心量變得更大了。

養育兩個男孩最大的收穫，
就是一路拆掉自己的框架，
一個命令永遠會有意想不到的解讀，
當媽的能怎麼辦呢？
只能把自己的心撐成航空母艦了。

一月一日
兔包の崩潰日記
給目標，有用嗎？

馬麻幫你們分類好了，你們以後照著放就不會找不到衣服了。
長袖
短袖
短褲
襪子
長褲
好
長袖
短袖
短褲
襪子
長褲
我太天真了…

STEP 2 愛

在舒服的界線下相愛——

你想要的，不見得是孩子想要的；
你覺得對孩子好的，孩子不見得覺得好。
你有自己的信念，孩子也有自己的追求，
你其實沒有錯，只是你不是他。

媽媽的一百種語言

不需要跟別的家長一樣，
孩子只需要妳好好愛他、聽他說話，
在挫折的時候支持著他。

可麗曾經是我的學生。有一次她留言告訴我，她去聽了學校舉辦的「一〇八課綱」（十二年國民基本教育課程綱要總綱）說明會後，整個人陷入大恐慌，需要和我談談。「參加說明會的家長們，似乎早就對一〇八課綱瞭若指掌，問的問題都是進階、進階、再進階。散場後，我只能坐在椅子上，擔心得無法動彈。」可麗焦慮地說。

我能理解那種焦慮的感受，便對她說：「我了解，就像我們大學老師因為要審查學生入學申請，我第一次去聽說明的時候，也和妳一樣聽得霧煞煞。不過妳在擔心什麼呢？」

可麗說：「其實我是擔心自己無能，擔心自己沒辦法扮演好母親這個角色。因為那些家長彷彿各個身懷絕技，舞著大刀為孩子披荊斬棘，也已經預先幫孩子搞清楚狀況、安排好未來。」

我說：「所以妳是擔心自己，而不是擔心孩子？」

可麗愣了一下，回答：「不是。我是擔心我的孩子沒有一個舞著大刀為他披荊斬棘，先幫他搞清狀況、安排好未來的母親。」

我說：「這麼說來，妳認為一個好的家長必須為孩子披荊斬棘、搞清楚狀況、安排好未來？」

可麗肯定地說：「是！」

我又問：「那麼，妳覺得從妳孩子的觀點，他會需要怎樣的媽媽？」

可麗說：「我不知道。」

我試圖換個方式釐清狀況，問她：「妳覺得他需要一個舞著大刀為他披荊斬棘、搞清楚狀況、安排好未來的媽媽嗎？」

可麗遲疑道：「應該不是吧？」

我接著問：「妳現在明明是碰到了一〇八課綱的震撼，為什麼會來找一個和妳一樣不懂一〇八課綱的我呢？」

可麗回答：「因為我知道老師會聽我說。」

我微笑地說：「是啊！所以我們需要的不見得是能幫我們解決問題的人，而是一個能引導我們有力量、有信心去解決問題的人。妳還記得《孩子的一百種語言：義大利瑞吉歐方案教學報告書》嗎？**小孩不需要是同一個樣子，也不能是同一個樣子。同樣的道理，老師和家長也一樣，不需要一個統一的樣子才叫做好家長、好老師**。

換做孩子的眼光來看，其實有很大的可能，他並不期待妳先幫他打出一條血路。他只需要妳好好愛他、聽他說話，在挫折的時候支持他、幫他找資源，而這些是妳可以做，更是別人做不來的。」

可麗問：「所以我不需要像那些家長嗎？他們看起來真的好厲害。」

我說：「不是有個統一的樣子才叫做好家長。就像妳有看過《德州媽媽沒有崩潰》的臉書粉絲團嗎？好多網友都在指導德州媽媽，告訴她要如何把小孩教養成乖乖坐好、有禮貌的樣子。可是德州媽媽很清楚，**要做一個孩子需要的媽媽，而不是和別人一樣的媽媽**。所以，妳也是。妳不需要跟別的家長一樣，**妳只要做妳孩子需要的媽媽就可以了**。」

說出需求，不誤會、不委屈

同樣的，我也只要做我孩子需要的媽媽就好。就像某個週六我坐在餐桌前喝咖啡，聽到女兒在背後呼喚我的聲音，她說：「媽媽，妳可以過來幫我一個忙嗎？」

我邊回話邊站起來：「好。我可以為妳做什麼？」

女兒指著抽油煙機，說：「妳先記住這個還沒刷洗前的樣子。等我刷好了以後，妳再過來看一次，然後給我拍拍手，說我好棒。」

我大笑：「沒問題！我等一下會過來給妳拍拍手，謝謝妳的努力。」

關於這點，我得說我女兒很懂人性，她知道人類的注意力是有選擇性的，不是每個人都會注意到你的貢獻。因為，如果對方沒有身在其中，不會知道你的辛苦，也就不見得會給出你應得的相對反饋。所以女兒選擇不給彼此出難題，而是直接表達出她的需要——我希望妳看到我的努力，我希望妳給我拍拍手。她讓我看到抽油煙機洗刷前的原貌，就能幫助我在看到洗刷後的差異時，真心地給她拍拍手。

如此一來，努力工作的人不僅能被看見，也得到想要的鼓勵；坐享其成的家人也不用擔心，自己是不是又沒注意到對方的努力，被指責說不用心，或是感謝時用錯方法、說錯話，一秒惹毛對方。

其實，過去女兒也曾認為，「為對方做的事，說得太清楚就沒意思了」，但經歷幾次彼此牛頭不對馬嘴的自認好意後，她終於同意她老母（也就是我）的這套方法，「與其等別人猜、給了不滿意的回應，還不如直接講清楚自己的需求。」於是之後便皆大歡喜。

或許我這樣並不浪漫，但明確指出自己的需要，不用對方瞎猜，確實也使我們親子之間很少有衝突，付出的人也不會因為沒有被看見而感到委屈。

面對孩子日漸成長的童言童語，
當媽的，握緊拳頭之際，
與其等待孩子說出自己想聽的話，
不如放下期待、講清楚需求，
誰都不需要委屈。

兔包の崩潰日記
大家都「回不去了」
看看剛滿一歲的你們…
圓滾滾超可愛♡
再看看你們現在…
回不去了!
馬麻一樣也回不去了呀!

放下執著，放過自己

接受自己本來面目，
同時抱持開放的心，去看新的可能性，
成功之路不會只有一途。

那天有一位媽媽來找我諮詢。這位媽媽畢業於世界名校，還是上市公司一人之下萬人之上的高階主管，管理起員工是游刃有餘，唯獨拿寶貝兒子沒有辦法。她說兒子玩社團玩到快要被退學了，兩人幾乎反目成仇。雖然她自己是走在科技前端、對於新知涉獵很廣的人，也明白像兒子這樣的人將來不見得會失敗，但她就是看不慣兒子的做法。

不過，她來找我，並不是要我教她改變兒子的方法，而是要我幫她放過自己、放過兒子。

我能理解她的想法，於是對她說：「我似乎看到妳有一個懷抱了數十年的信念『努力讀書就會功成名就』。對妳來說，這個信念是千真萬確，妳現在能過上這麼好的日子，也是因為這信念才做到的。」

她說：「但我也知道，適用於我的，不見得適用於他。他不愛讀書，只要一不盯他就會蹺課，搞得我們每天好像貓捉老鼠一樣。而我也看過公司一些很靈活的同事，他們的學業成績或許不見得很好，但過去玩社團的經驗卻能讓他們現在變得很會做事，我們公司用人也都會用這種人。

可問題是，明明我都知道成績不代表一切，為什麼看到兒子做相同的事時，我還是快要抓狂？有時候我都覺得自己超級分裂的。為什麼我就是這麼看不開、放不下？」

我解釋給她聽，說：「這是因為從小我們就被植入一個信念『書中自有黃金屋，書中自有顏如玉。』這個信念透過考試考得好，爸媽就很高興，老師喜歡你，同學羨慕你，如此反覆強化，於是腦中那條神經路徑，從細絲到棉線、麻線、塑膠線、鋼線到光纖，越來越堅固。

為了實現這個信念，一路以來妳過得多辛苦啊！如果今天突然有人說這個信念是錯的，那不就等於否定了妳的過去？妳當然會打從心裡的反抗，不願意放棄信念，所以一看到兒子違背這個信念，自然就會生氣。」

她接著問道：「妳的意思好像在暗示，這個信念並沒有錯，雖然也不見得是對的。」

我回答：「妳說得沒錯。我認為對妳而言，這個信念是對的，但對妳兒子就不見得。」

她似乎如釋重負地說：「啊，原來我想的的確沒有錯。或許我兒子真的不適合走我走過的路。」

我說：「沒錯。也只有當妳不再糾結於誰對誰錯，妳腦部的工作區才不會塞滿愧疚、抵抗、責怪、衝突等各種聲音，導致無暇去建立另外一條神經路徑。」

她好奇地問：「什麼神經路徑？」

我回答：「這條神經路徑就是妳剛剛說的，會玩社團的人也可以成功。其實妳早已有這樣的信念，只是還很薄弱，像條細絲般。現在妳要做的是，如何讓細絲變得強化、堅韌，也不要去糾結自己是不是分裂或是個壞媽媽。妳只要抬起頭來，去和公司裡那些像妳兒子一樣的人聊聊。」

她恍然大悟道：「啊，我懂了。好。我會努力放下我的偏執……」

我更正她的話，說：「**不用努力，只要接受**。妳要接受『我就是相信書中自有黃金屋的人』，但除了相信這句話，現在的我也要去看看別的可能性，才讓我對於成功路徑有更完整的了解。」

她笑說：「對對對，內心不要再打架了。**只有接受自己本來的樣子，才有力氣去發展更多的可能性**。」

接受自己本來的樣子，
也接受孩子眼中的自己，
重新建立彼此的認知。

兔包の崩潰日記

不中聽的事實

沒有白走的冤枉路

經驗是人類最珍貴的禮物，卻也是最大的絆腳石，很多時候冤枉路才是走對路的必經過程。

前述當過去的信念遇到衝擊，我們得先接受自己原本的樣子，再以開放的態度擴展新的觀念，以面對親子間可能面臨的時代落差。但有時孩子的做法跟過去的自己並沒有衝突，甚至還一樣時，為何我們也是會生氣？就像愛麗的先生和兒子發生的緊張關係那樣。

愛麗很不解，說：「我老公自己以前也是不愛讀書，在職場遇到被洗臉、被壓榨的事情後，才痛定思痛、懸梁刺股，之後苦讀考上名校，於是也才有現在這一份好工作。但為什麼兒子也這樣的時候，他卻不能忍受？我跟老公說：『沒錯，上好學校的就業機會的確會好一點，但既然兒子不想讀書，就給兒子一點空間嘛，或許工作後兒子會有不一樣的想法，會願意好好唸書。』」

愛麗講得很有道理，而我很好奇她老公的答覆。愛麗回答說：「老公說，就是因為他自己走過那條辛苦路，很明白唯有把書讀好才是王道，所以絕對不會讓兒子重蹈覆轍，走冤枉路。但他為什麼那麼固執啊？」

我說：「**經驗可以是人類最珍貴的禮物，也可以是最大的絆腳石**。就以我最近去玩密室逃脫為例，有些玩家因為有成功破關的經驗，遇到相似關卡時，就會直接把過去的成功經驗套用到現在的關卡上，結果反而因為太有信心、太堅持之前的做法，破不了關，耽誤了很多時間。」

輕嘆一口氣，愛麗接著說：「不曉得何時我老公才會看清楚，他堅持要兒子照他的意思少走冤枉路，這樣不僅不會比較快，反而會磨耗父子間的感情。妳覺得他什麼時候，才會放棄那自以為是的想法？」

看著桌上剛剛到貨的左手軌跡球滑鼠，我突然有了靈感，可以拿來做比喻。我對她說：「我桌上這個新滑鼠，有個跟妳疑問類似的故事。我的右手呢，大概從一九九九年開始因為拚命讀書、拚學位、拚論文、拚升等，最後拚出了個肩夾擠症候群。無論做什麼復健、治療，就是好不了。十幾年前有朋友跟我說，休息是唯一的辦法，但我有生計考量不敢休息，後來他建議我改用左手。然而我是右撇子，所以完全沒考慮。

直到最近，我又因為準備課程講義和剪影片，整個右手發炎痛到睡不著，我才跟我的醫師哥哥說。哥哥檢查了我的坐姿，也觀察我打字時手肘有沒有支撐、有沒有九十度彎曲等姿勢，當他發現我該做的都做了，甚至換了最省力的軌跡球滑鼠後，他只說了：『妳要不要改用左手？』頓時一句話突破盲腸。我馬上下單買了左手軌跡球滑鼠，也開始學習用左手操作。」

愛麗說：「所以說啊，如果妳十幾年前就聽朋友建議，這問題早解決了。唉，為什麼妳當初就不聽話呢？」

我回答：「慣性吧？畢竟當一輩子的右撇子突然要改用左手，總覺得付出的代價太大了。」

愛麗問：「那現在為何又願意了呢？」

「因為實在是夠痛啊！」我說：「跟妳先生年輕時一樣，我也是個什麼都要試過，才肯認命的人。此外，還有一點很有吸引力——聽說用左手有益腦部健康。」

愛麗不解地問：「什麼意思？」

我說：「就是我們得去做些不熟悉的事，才能保持腦部的活力。如果老是用同樣的腦部區域，那些沒有用到的區域就會慢慢萎縮。」

愛麗又問：「所以妳的意思是，我先生得什麼都試了、痛夠了，他才會認命讓兒子出去工作？」

我說：「對！但或許妳還可以加碼，告訴他讓兒子早點出去工作的好處。」

愛麗好奇，「有什麼好處？像我老公那樣，先去工作，然後發現讀書才是王道？」

我說：「妳兒子現在不是在讀高職嗎？現在大學入學管道有個『青年教育

與就業儲蓄帳戶方案』，聽說走這個方案入學的學生都很優秀，因為他們知道自己為什麼要讀書，所以表現得很好。而且政府好像會給他們錢，放在帳戶裡，讓他們以後有資金可以運用。」

我們經常擔心孩子會像我們一樣走冤枉路，殊不知，**很多時候走冤枉路才是走對路的必經過程，跳過了，就算是對的路也會不對，這是因為少了經驗、磨練，少了波折所帶來的智慧**。更何況，時代在變、制度在變，父母過去的經驗不見得能夠完全移植與適用在孩子身上。

所以，當孩子不照你的意思走時，試著給彼此多一點的空間和時間吧！要是為了幫孩子省個幾年時間，卻把彼此感情都弄壞了，還真是得不償失呢。

改自己就可以

有次學校同事也跟我說，發生在她老公與孩子身上的類似例子——先生小時候課業成績差，不但自卑也吃盡苦頭。她不解的是，不就是因為苦過，先生應該要對功課不佳的大兒子特別有同理心才是。但怎麼會剛好相反，先生總想著要把大兒子轉到私校，甚至請家教，或是自己晚上盡量待在家，反正就是要親眼盯著大兒子讀書。只是兒子的成績依然吊車尾，父子兩個人的關係緊張得不得了。

同事不解道：「怎麼會這樣呢？」

我說：「這真是一個有趣的現象。當一個人在某議題上感到不自在、糾結、逃避或恐懼的時候，那個議題便會以各種方式不斷出現，逼你面對。就像我有個朋友，她的父親對她極為苛刻，從小就要她燒飯、洗衣、扛重物，還因為太小就扛重物，扛到後來連脊椎都壓彎了，活像是家裡的傭人。所以她從小就發誓，長大要嫁給一個會照顧她的人。

結果她真的如願嫁了一個可以讓她安心在家、不用去上班的先生，感覺應該就此衣食無虞，卻沒想到她先生有潔癖，是個連地板出現一根頭髮都無法忍受的人。所以就算她不用出門上班，但其實還是在上演『我是家裡的傭人』的人生劇場。

我曾經問她如何形容自己和父親的關係。她說：『我總覺得如果不照爸爸的話去做，他就會不愛我。』講完這句話後，她就發現問題的癥結，原來她深信，如果不照對方的話做，對方就不會愛她了，因此即便發誓要嫁個會照顧她的人，才不用當『家裡的傭人』，卻仍因為深信如果不照對方的話做，對方就不會愛她，而在婚後繼續當『家裡的傭人』。

同樣的，妳先生在學業成績不佳的這件事情上背著恥辱。這個恥辱並沒有隨著他畢業而消失，反而是以各種方式持續回來找他、逼他面對，好比兒子成績不好的這件事。這時除非妳先生能打心底承認，在學業以外，人還有別的天賦，他才能放下學業成績不佳的恥辱感。」

聽了我說的話，同事好奇地問：「那妳有沒有一直回來找妳面對的議題？」

這時我的心裡一驚！原來我看別人的問題很清楚，看自己的問題就不是這樣。「我想一想再跟妳說。」我告訴她。

回家的路上，我檢視了自己和兒子、女兒的關係。想清楚後，我跟不愛讀書、退學從事音樂工作的兒子說：「你是媽媽最成功的產品。媽媽從小功課也不好，直到五專畢業才開始傾聽內心的聲音，一步一腳印地往自己的渴望走去。雖然到四十三歲才拿到博士，但我一直是追著夢想跑，而不是被恐懼追著跑。所以在這件事上，我破關了，現在看著你也跟隨自己內心去走，我才沒有一直找你麻煩，也沒有跟自己過不去。」

我也跟女兒說：「媽媽太完美主義了，所以做事戒慎恐懼、緊張兮兮，總是會卯足百分之兩百的力氣。我知道妳也跟媽媽一樣，很容易緊張害怕。但不管怎樣，妳按照自己的速度和方法、做自己就好。」

想要改變小孩嗎？不，改自己就可以了。

孩子承襲父母的血脈是理所當然。
擔心孩子走你走過的冤枉路，
也許就少了讓他磨練的機會。

兔包の崩潰日記
看到兒子的考卷 我看到了自己
這一題根本不該錯呀!!
你到底在想什麼??
這傢伙…
跟我小時候
一樣粗心
真不愧是
我生的!
呵呵呵呵

一起拓展生命經驗

無論你覺得孩子的觀點有多扭曲，父母都得先聽得懂，才能有話語權。

有天晚上章媽媽來找我，說她女兒覺得自己太高，沒有男生會想跟這麼高的女生交往，所以很自卑、故意駝背，讓她很擔心。

我說：「好羨慕啊，可不可以要妳女兒分一點身高給我。」

章媽媽說：「就是啊，我也好羨慕。可是我越安慰，她越生氣。我覺得她的觀點太扭曲了，我能不能糾正她啊？」

這件事讓我想到，有一陣子我真心認為人生就像莊周夢蝶一樣，其實是活在虛擬世界中。我跟女兒說「這個世界是虛幻的」，她並沒有駁斥我，只是聽著。我有點擔心她覺得我瘋了，她卻用食指與我的食指相碰，表示她懂。當我知道她懂後，我安心了，領悟到對我女兒來說，我的感覺沒有對與錯，如果我覺得是真的，那就是真的，我覺得是假的，那就是假的。

這個經驗使我也想讓章媽媽知道「感覺沒有對與錯」，她女兒「覺得」自己太高，那就是太高，因為所有的感覺都是「真的」。

於是我問章媽媽：「妳覺得自己胖嗎？」

在模特兒經紀公司工作的章媽媽，不假思索地說：「我超胖。」

我說：「妳五十歲，四十六公斤，從我的角度來看，妳根本不胖。可是妳說胖，那就是胖。因為妳的參考值，或許是根據公司那些年輕模特兒而來。所以妳女兒今年國一，她覺得自己太高，那就是太高，因為她的參考值也是根據班上同學來的。即使別人看起來不是事實，但她所有的感覺都是真的。」

章媽媽疑惑地說：「所以不用糾正她嗎？」

我說：「不用。而且暑假快到了，妳就帶她去公司晃晃，讓她有機會看到不一樣的參考值，或許會有不同的感覺。」

章媽媽：「我之前有跟她講過，林志玲那麼高，還不是有 Akira 愛她，但她覺得因為我是她媽媽才這麼說。」

我說：「孩子都認為媽媽的動機不單純。媽媽說的話，他們才不會相信。因此妳只要聽得懂她，找機會擴展她的生命經驗，好比讓她看到同學之外的世界，或者讓她去妳公司打工，整天泡在那個環境裡，她終究會根據不同的參考值而有不同的感受。」

章媽媽問：「真的不用再勸些什麼嗎？」

我笑說：「真的！妳只要點頭說：『我瞭解妳覺得自己太高，就像我也會覺得自己太胖一樣，超困擾的。』這樣就可以了。」

章媽媽：「真的可以講自己的經驗喔？」

我說：「當然可以！但是後面就別再說教了，讓她知道妳聽懂了就好。」

要記得**「所有的感覺都是真的」**，所以無論你覺得孩子的觀點有多扭曲，父母都得先聽懂，才能有話語權。想想，今天換作是你，如果覺得對方根本不懂你，又怎麼會聽得進去對方講的話呢？

因此，碰到孩子有扭曲的世界觀時，就試著讓孩子出去體驗，取得多元的參考值，那些原本扭曲的世界觀自然會鬆動。等到孩子卸下舊的價值觀，父母就能再透過探問與討論，讓孩子慢慢形成一個屬於自己，而且更有建設性的世界觀。

寧可痛，也不搶走孩子的練習機會

那一天女兒跟我說，有兩位同事分別對她感嘆，為什麼養育子女這麼難？說好的甜蜜負擔在哪裡？一點都不甜蜜啊。她不解地問我：「可是妳一直說我好好玩，難道是騙我的嗎？其實現在回頭看我過去發生的種種，我都會想如果我是妳，不是擔心死就是氣死，怎麼會好好玩呢？」

我說：「如果妳是說憂鬱發作差點跳軌自殺，或是台大畢業跑去打工刷廁所的事，我的確有些擔心。但認知與想法會影響情緒，透過學習，我知道憂鬱發作差點跳軌，有可能是因為血清素分泌不夠，而台大畢業跑去刷廁所則是職涯探索必然的發生，既然都是在理解範圍內，情緒也就沒有太大的波動。」

女兒問：「那為什麼妳會覺得好玩？」

我說：「應該和我的人生觀有關吧？無論如不如意，我選擇接納所有的發生。至於為什麼我會接受不如意呢？因為我心知肚明，**如我意，不見得是對的，也不見得是好的**。舉個例子，如果妳一直都如我意，讓我放心。有一天妳碰到挫折或挑戰，而我已年邁無法再罩妳了，請問妳要從哪裡生出信心和能力來罩自己呢？

應對人生逆境就像學騎腳踏車，只要我還扶著妳，妳就不會真正的學會。妳一定得摔，得自己平衡，那才是真正的會，我插手只會讓妳沒經驗、更沒信心。所以，看妳摔倒我會痛沒錯，可我不能為了讓自己不痛，就搶走妳練習的機會。

至於為什麼感到好玩是因為，看著妳跌跌撞撞，練就出我意想不到的方法與智慧，去克服困難與釐清迷惘，是很新奇、欣喜的經驗。我得說，那是我接受自己的痛，勒住舌頭不出手才換取來的珍貴禮物。」

養育子女會痛，因為他們時時刻刻在挑戰你的慣性與固有認知，逼你不得不和他們一起成長。這種痛是好痛，不需要趕走它。**因為痛苦，你會去閱讀、會去學習，在擴展認知後，未來許多發生的事就會在你意料之中，相對的，也就不會再那麼痛苦了。**

所以**想要不痛苦，就得先接受痛苦**。但我們不能為了讓自己不痛苦，而害小孩沒手沒腳，好像沒了我們就活不了。**只有接受痛苦，你才不會那麼痛苦，隨之而來的也才會是你與孩子共同成長所帶來的甜蜜。**

別開自卑的一槍

自我感覺良好的人，不會被他人的論述唱衰，
會照著良好的自我形象，自信地走在人生道路上。

在我的「家庭溝通」課程中，有提及一段實驗。實驗者到一個老人中心，測量老人們的運動能力並且記錄。然後實驗者對每個老人都撒了謊，好比說：「你真的是八十七歲嗎？你的檢測年齡是七十七歲。」這個實驗把每位老人的年齡都各減了十歲，過一會兒再幫他們重新測量，結果發現老人們的運動能力，平均增加了百分之十到二十。

我也跟女兒分享這個實驗心得，告訴她這就是正向語言的力量。女兒點點

頭，說：「這可以解釋為什麼我總是覺得自己很美。」

「以前我都覺得學校美女很多，自己站在她們旁邊都相形失色，有時候還會覺得自己很胖。」女兒繼續說：「但每次當我一個人的時候，我都會看著鏡子對自己說：『唉唷，我媽怎麼把我生得這麼美？』這句話是下意識，不是理性可以控制，好像就很理所當然的那麼覺得。

但我怎麼會這麼理所當然呢？後來有一次，我看到妳對 milo 做的事，才知道是為什麼。因為妳常常用台語跟狗狗說：『milo 水水，milo 水水』，所以 milo 就真的覺得自己是宇宙無敵水水，理所當然被大家愛著。客人來家裡時，牠就大刺刺地坐在人家的腿上，一副理所當然你會喜歡我的樣子。也不只 milo 啦，妳也常說我很美啊！」

原來這種語言的正向力量，也在無形中讓女兒建立了自信呢！

與理所當然的自信相反的，是沒來由的擔心。一位媽媽就告訴我，她很擔心自己的孩子，莫名的擔心。在談了很多狀況後，我問她，生活中有沒有什麼事情是她永遠不會擔心的？

我發誓，如果可以用「光」來形容一個人說的話，我覺得她接下來所說的，都要把我閃瞎了。「錢！」她說：「就算我的口袋只剩五百元，我都相信自己不會缺錢。每次錢都會莫名其妙進到我口袋裡。」但說也奇怪，才剛講完這句話，她就喃喃自語說：「或許，我對孩子也應該要有這種莫名的信心才是。」

這位媽媽頓悟的剎那令我印象深刻。所以當天女兒回家時，我也問她，有沒有什麼事是她莫名有信心的？

女兒說：「有啊，就像我上次跟妳說的，即使學校美女如雲，我仍堅信我自己很美。」

我笑說：「妳是啊！」

女兒說：「就是啊！」

就像先前說的語言的正向力量，因為從小我就常對女兒說：「妹妹水水」，所以就算學校美女如雲是個事實，她也對自己「水水」這件事深信不疑，而且她也真的是「水水」的。

信心也會形成一股奇妙的力量。改變信念遠比擔心、掛心來得有效、有用。好比我自己，就對出國讀書有莫名的信心，在還不知道錢要從哪兒來的時候，就有信心一定能出國讀書，沒想到真的就在快要山窮水盡時，有了贊助、獎學金來解除危機。

唱衰，孩子就真衰了

或許就是這樣的自信，以及在自信之後獲得的運氣，讓我被稱為「倖存者」。不只網友說我是倖存者，去演講時也有家長這樣說我，還有次接受採訪時，訪者更說我是從被驅逐到被追逐的倖存黑馬。

這讓我開始好奇，之所以能「倖存」，之所以能「從被驅逐到被追逐」，應該有個原因吧？是因為自我感覺一直很良好嗎？

我試著尋找記憶裡和我一樣，偏離社會主流價值、不被看好，但自我感覺良好的人。腦袋裡跳出來的，先是我的一位同志學生。記得他來跟我諮商的時候，剛開始我還以刻板印象的認知去同理他，說他「辛苦了」。但他反而問我為什麼？

我說：「爸爸、媽媽或親戚朋友，應該都有給你壓力吧？」

同志學生說：「沒有欸，就很平常。我是後來參與同志運動，才意識到台灣同志的辛苦。」

我又問：「那親戚朋友尤其同儕，不會給你壓力嗎？」

同志學生想了想，說：「沒特別感覺。」

補充一下，這位學生來找我，談的是個人感情上的問題，而不是同志相關議題。

另一位是個連鎖幼兒園的園長。她告訴我，她一直以來讀書表現很不錯，爸媽覺得既然發展得好，也要照顧弟弟妹妹，所以當她幼兒園一家一家地開時，也把弟弟妹妹都拉進來工作。偶然間我問她是什麼學校畢業的，她說是南部一所技術學院的幼保科。一時間讓我有些驚訝，因為我的生活周遭充滿了從台字（如台大、台師大）或中字（如中央、中興）等大學畢業的人，讀中字的還覺得自己一輩子不如讀台字的，因此，當園長說自己書讀得不錯時，我著實有些訝異。

然而在被稱為倖存者之後，我試圖著連結同志學生、園長和我的共同經驗。發現我們都是偏離社會主流價值、不被看好，但是自我感覺挺良好的人。這更讓人確定自我感覺良好的重要性，若是自我感覺不好，生活不僅不快樂，也有可能會陷入憂鬱。

像我們這樣自我感覺良好的人，不會被他人的論述所唱衰，會照著良好的自我形象，自信地走在人生道路上。好比我開始教書時其實已經離婚了，當時有學生質疑我，離婚的人有什麼資格教婚姻研究，但我卻能很興奮地自我推銷，說：「就是因為我離過婚，才適合教你們啊！我知道兩個人關係為什麼會破裂，也知道未來兩個人要如何繼續溝通下去才能共親職。有這樣的我教你們婚姻研究，你們真的賺到了。」

並非在為自己找藉口，而是打從內心這麼認為！這當然也要感謝我的父母，在我離婚時非但沒有責備，還處之泰然。後來還有學生寫信來，說她都不敢跟人家講自己離婚的事，因為覺得很自卑，沒想到我敢站在講台上說自己因為離婚變得更厲害。這才發現，原來丟臉的事也可能是那麼自豪的資產。

同志學生和幼兒園園長其實也有類似經驗，他們身邊的重要他人，父母或親朋好友都沒有人「開槍」，讓他們覺得自己很丟臉，也沒讓他們日日浸泡在自卑裡，因此他們就有自信，用他們原來的面貌，自由揮灑、盡情發揮自己的能力。

可如果我們是被家人給唱衰，恐怕也只會背著重重的自卑烏龜殼，怕人家發現我們丟臉的事，總想要躲起來不敢出頭；或許我們就此陷入不如人的自怨自艾中，再也沒有力氣去創造些什麼。

有時家長因為擔心就出言警告，其實就是唱衰孩子，於是，孩子彷彿就會如家長所願般，變成了很衰的孩子。

我並不是說家長不用教養小孩，**只是不要用「唱衰」的方式**。好比小孩不讀書，你可以和他一起探討為什麼不想讀書；小孩不起床，你可以和他探討怎麼做可以讓他有意願起床。而不是說，「不讀書、睡懶覺，你這一生就廢了。」這樣就是唱衰了。說真的，**天天浸泡在這種被人看衰的能量場中，要不衰也真的很難**。

正向表述，讓孩子變聰明

說個我自己的經驗，某次接到期刊的編輯來電，轉達委員們希望我修改論文的訊息。我靜靜地聽著，雖然口中「嗯、嗯」的回答，但心裡總想著自己不夠好，也覺得這些要求都好難，這些頂級期刊的要求，我應該是做不到吧？

正感沮喪之際，卻聽到編輯說：「大家都努力著要幫妳把文章變更好呢！」忽然間，我腦中浮現，平常我開審查會議審查別人的東西時，那個心情和氛圍都不是在嫌棄，而是要怎麼幫那些年輕人變更好。一想到這，原先覺得被嫌棄的沮喪心情，就因為意識到委員們的好意變得文思泉湧，立刻又出現了好幾個點子。

要是一直覺得自己被嫌棄，那真的會變笨。只有在覺得自己被支持時，才會瞬間變得更聰明。所以努力要讓孩子變好、變聰明的家長們，就讓我們用正向表述，告訴孩子哪裡已經很好了，哪裡可以做得更好，來取代皺眉頭、翻白眼、嘖嘖嘖與搖頭吧。

只用心意，孩子收不到，必須加上你肯定的語言和表情，孩子才聽得到和看得到，來自父母的溫暖支持。

要抗壓先跳坑

你只要在孩子受傷回家時，
提供一個復原的環境，
確保沒人會再對他們補上一腳，這樣就夠了。

朋友長青讀國中的兒子失戀了。看到兒子難過得無法專心讀書，長青又氣又心疼，他氣早就警告過兒子不要談戀愛，氣他怎麼那麼沒用，只是失戀飯就不吃、書也不讀，氣他一點抗壓性都沒有。

長青問我：「看來我兒子真是沒有抗壓力，妳是怎麼增加孩子的抗壓力呢？」

我回他：「我都是用陪伴來讓孩子復原。」

長青說：「但，我是問抗壓力。」

我說：「我的意思是，當我的孩子無論是失戀還是工作受挫，遍體鱗傷地回到家時，我會聽他說、同理他，不會急著要他別難過。這樣他受傷的心就會如同受創的皮肉，慢慢地復原起來，下次他再碰到類似的事情，反應就不會那麼劇烈了。對我而言，這就是抗壓力變好了。」

長青說：「我以為抗壓力是要用某種方法，訓練小孩在面對壓力時能堅硬不摧，就像很粗的鋼條一樣。」

我說：「再怎麼粗的鋼條，一個極大的力量打下來，還是有可能會斷掉。我反倒希望我的孩子像柳枝，能屈能伸，感覺更能適應這個多變的社會。」

長青還是於心不忍，說：「真希望孩子能在我的保護下，永遠都不要受傷啊，但偏偏他們是哪裡有坑就往哪裡跳。」

我告訴他：「現在孩子跳小坑受傷，我反倒覺得是好事。就像練肌肉一樣，每次的小創傷，在休息以後就會長成肌肉，還會越練越強壯。我認為只要不是一次就被打趴，讓孩子受點壓力與創傷，其實就像練功一樣是好事。」

長青疑問：「那萬一一次就打趴呢？」

我說：「所以要練啊。透過一次一次的受傷與失落，他會認清人事無常。尤其是人，人是最無法掌握的，即使努力也不一定有結果，但是不努力，一定不會有結果。就這樣來來回回受傷與復原多次，未來他再碰到失敗的時候，心中的波動就會像柳枝一樣，或許會彎曲但不會是折斷，很快就會回復原狀。」

長青說：「真希望他趕快好起來。我叫他要趕快忘記她，以後不要再談戀愛了。」

我說：「其實太急著要他好，不見得會真的好，畢竟復原都需要時間。你急，他只會假裝他好了，不讓你看見，但其實還爛在裡面。慢慢來吧！愛情這種事，從來就不是能計畫的，要來的時候八匹馬都拉不住。既然擋不了，就讓他練習吧。更何況，把時間拉長來看，段考成績和失戀所帶來的成長，對整個生命來說，顯然後者意義要來得重大許多。」

長青還是不放心地說：「那萬一他一次又一次都失戀怎麼辦？難道要讓功課都毀了？」

我說：「這就和一個人一次一次的創業，每次都失敗一樣，需要有人幫他釐清問題出在哪裡。如果你不希望他屢戰屢敗，希望孩子願意聽你的話，那他難過的時候你千萬要勒住舌頭，別落井下石說：『我早就告訴過你』，這樣你才有機會陪伴他、幫他釐清問題。」

孩子跳坑受傷，你心裡只想罵人、說不出什麼同理的話，沒關係。這時候**只要回到你的心，去感受他的痛，想像換作是你會有多痛，只要這樣就好。不用說話，光是感同身受就很好了**。爾後，當你一次次的練習感同身受，最終，就會打從心裡了解、同理，說出來的話也會是言之由衷，這個時候，你就獲得可以和他討論的話語權了。

成為孩子的避難所

長久以來一直有人問我，孩子沒被罵、被酸習慣，以後出了社會不習慣怎麼辦？剛好我就是那種小時候沒被罵、被酸習慣的人，而我的孩子也是，因此我可以回答這個問題。

一開始遇到被酸、被罵的時候，我的確感到很驚恐，但是回到家，家裡的氛圍總是那麼平和，不會有人接力繼續酸、繼續罵，就好像重量訓練一樣，雖然負重會造成肌肉的小小破壞，但只要好好休息，身體就能自動修補與復原，也會讓肌肉越來越強壯。家裡平穩的氣氛讓我得以好好修復，漸漸長出能力，不糾結於逆境，適應力也變得越來越好。

我把這個叫做復原力。

如果我一直被保護得很好，沒有機會遇見逆境，就像沒做重量訓練那樣，雖然歲月靜好，但會被人一打就倒。所以我很感謝我爸媽不管我，讓我保有犯傻吃苦的權利，即使我深夜騎車跑西餐廳唱歌摔得鼻青臉腫，或者因而碰到槍擊命案，爸媽還是尊重我的意願，讓我繼續自討苦吃。就算爸媽知道我借錢給人，對方不還，也沒有補踢我一腳，說些會讓我更加悔恨糾結的話，讓我得以從錯誤中成長，而不是被悔恨啃噬耗掉元神。

因此我對孩子受苦的態度，也和我爸媽一樣，雖然看了難受，但也只是默默地看著。要是真的慈悲之心氾濫湧起，就把頭別過去忙自己的事，免得掠奪孩子從痛苦與挫折中培養能力的機會。

我牢記自己的責任，是讓**孩子在受傷回家時得以安歇，提供一個復原的環境，確保沒人會對他們補上一腳。我也不會直接拿走他們的痛苦，而是靜待孩子慢慢復原再出去迎戰**。當然，若是事態緊急，要不要出手就得要靠家長的智慧判斷。但這時得先觀察，自己的起心動念到底是為免除緊張焦慮，還是真的不出手孩子就毀了。

然而，有些孩子的生命挑戰特別大。他們在自己家裡被破壞得太嚴重，這時學校就要成為他的避難所，也是他長出復原力的地方。面對這樣的孩子，師長對他的學業要求可以放低一些，讓他在學校能夠好好安歇，好好復原就好。

我們常說要支持所愛的人、受苦的人，**所謂的支持並不是拿掉他的痛苦，而是給他一個可以安歇、感到安全，可以放心地待在那，等到復原之後再出發的地方。**

羞辱只會幫倒忙

那些孩子現在讓你頭痛的事，都只是暫時的過程而已，
與其嘲諷他、恐嚇他，
倒不如教他怎麼做會更好。

我的好友是更生人，因為自己曾經迷惘過，所以想用個人經驗盡可能幫助那些犯法的青少年。於是我請教他，有沒有什麼建議可以給我的讀者家長們，他告訴我：「**絕對不要去羞辱與標籤做錯事的孩子！**」並以自己的親身經歷，細細描述為什麼這件事如此重要。

他說：「妳記得小時候不能講台語這件事吧？那時講了台語的人，就要在

胸前掛個牌子，讓全校知道你講了台語被處罰，而我就是那個被處罰的人。我想『好吧，反正我已經被所有人認為是爛人了，那就這樣吧！』於是我心一橫，反而更大聲、更用力地講台語。你還能拿我怎樣？再給我第二個牌子嗎？反正都這麼被羞辱了。」

好友的歷程聽得我膽戰心驚，我彷彿看到一個孩子如何從被羞辱，一步一步走向自我放棄，甚至開始與整個世界為敵。

讓孩子因為怕被處罰而不去做一件事，固然是個辦法，但其實讓他學會怎麼做才能更好，會更有成效。不僅可以維持和孩子的關係，也可以幫助孩子將學習經驗轉移到未來的生活，譬如書讀不下去的時候、戒菸的時候、和伴侶有衝突的時候可以怎麼做，也不會適得其反。

讓我舉個哥哥老是打弟弟的例子，來說明事情怎麼做會比較圓滿。

與其家長對哥哥吼叫：「為什麼你老是講不聽？你聽不懂人話嗎？去罰

站！」讓孩子自我烙印成聽不懂人話的壞孩子，還不如幫助哥哥了解碰到衝突可以如何解決。

處理這件事的前提是，家長要先明辨是非。如果弟弟老是去侵犯哥哥的領域，就算弟弟只有一歲還不懂事，你都不可以跟哥哥說：「弟弟還小不懂事，你要讓他。」這只會讓哥哥覺得社會不公平，導致心情不平衡。你反而要讓弟弟知道，他這樣做是不對的。但如果弟弟還太小、聽不懂人話，你也可以反過來邀請哥哥一起動動腦，想想怎樣可以讓弟弟碰不到他的東西，好比把東西移到高一點的地方。

有了家長的支持和邀請，孩子未來在碰到困難時，第一時間不是回想起過去如何的被不公平對待、怒火中燒，而是會去想解決的辦法。

同理不等於同意

但如果整件事並非弟弟的錯，而是哥哥生氣的反射動作就是打人，這時家長就可以先同理哥哥的生氣。但要強調的是，「同理不等於同意」，所以別害怕同理。

同理他，只是因為換作是你，當你的領域被侵犯時，你也會生氣。然而社會的運作並不管誰錯在先，而是動手的人就是不對，所以家長可以問他，願不願意學習控制打人的衝動？如果正在氣頭上的他說不想學，那就不要勉強，等他冷靜以後有機會再詢問他。

要是孩子願意討論與學習，你便可以運用正念訓練中的「覺察」，問他動手打人前有哪些前兆？譬如看到弟弟動你的東西，你的身體有什麼感覺？藉此引導孩子覺察自己快要出手前的身體感受，或許孩子會跟你說，要舉手打人前胸口會有一股氣快要衝出來，也可能是覺得腦門熱熱的或胃部緊緊的。

接著進一步詢問孩子，每當他覺察到這些想打人的前兆時，爸媽可以怎麼幫助他不舉手打人？他或許會說「跟爸媽說，就不會想打人」，但如果他說不出辦法，你也可以主動建議他來找爸媽說，或者回到房間大叫發洩一下。

從社會獎勵的方法上，你可以跟哥哥說，只要一個上午都沒有打弟弟，我就給你一張貼紙，當你領到十張貼紙，就有週末去哪玩或吃飯的選擇權。如此能鼓勵他，願意為擁有自由選擇的權力而努力。不過，我不建議直接給孩子錢或食物當獎勵，因為人類對金錢的追求根本上是為了滿足各個層次的需求，不要讓孩子誤以為金錢是最終追求比較妥當。

而從上面的案例也可以了解，為何每次家長來問我怎麼解決孩子的問題時，我總是很難一言以蔽之的回答。畢竟要妥善回應孩子的問題不只是為了消滅問題而已，而是得考量事情的前因後果，幫助自己和孩子進行邏輯思辨外，還得考慮孩子能從事件中學到什麼，以便未來可以運用。

我在前作《我們，相伴不相絆》的引言中寫了一段話：「教養子女這條路如同一幅卷軸，你沒辦法知道最終孩子會變成什麼樣子。在這個過程中，好多人會給你意見，孩子叛逆時，有人說你太寵孩子了，孩子受不了暴走時，又有人說你管太嚴了，你不知道自己到底做得對不對，也經常不斷地自我責怪。

身為已經度過青少年風暴的成年子女母親，我想告訴你：當你願意看這本書，你就是好父母了。**你就像一艘航行在大海的船，孩子給你的挑戰有小風小浪，也有大風大浪**。當你拿起這本書，就表示你正嘗試著讓自己變成一艘更有度量的船，就算風浪大一些，也能夠乘風破浪前行。」

隨著你願意不斷閱讀新知與成長，隨著你願意自省、思辨、學習、犯錯、道歉與改變，即使孩子現在有讓你頭痛的事情，那都只是過程而已。一切都會沒事的，你和孩子都會因此變更好。

究竟在生誰的氣？

爆怒前先冷靜想想，分析自己真實的情緒，勒住舌頭、忍住手，才不會錯殺無辜。

若雲的鄰居在巷口看到，若雲的女兒跟一個男生吵架，還哭得很慘。隔天一早，鄰居就急著來按電鈴八卦。若雲一聽整個氣炸，當天女兒下班回家，就跟女兒大吵一架，說她眼光差、勸不聽，現在被甩活該。女兒一氣之下就搬出去住了。

因為女兒離家出走，若雲輾轉難眠，已經兩個星期都沒辦法闔眼。後來經由朋友介紹來找我，因為她聽說這個老師（也就是我）是「什麼丟臉的事都不會覺得丟臉」的人，所以她可以很放心地來講這件「丟臉的事」。

若雲說：「我早就告訴她，那種男人看起來就是很花、吃軟飯的。好啦，現在被人家玩一玩、甩了，真是活該。實在不曉得她為什麼要這樣作踐自己、丟自己的臉，而且才說她兩句就離家出走，真的是太不孝了。」

我說：「可以感覺到妳很生氣，畢竟妳都跟她說這男人有問題了，她還執迷不悟。」

若雲說：「但我也知道妳一定覺得我怎麼那麼狠，女兒都已經失戀了還罵她。可是我就是要罵！不罵，她不會醒的！」

我說：「其實我很能了解妳的心情。我可以跟妳分享我自己也差點氣炸的經驗嗎？」

若雲驚訝道：「老師也會有氣炸的時候？」

我說：「當然有啊！我兒子小學五年級時參加他老師的婚禮。那天我還慢慢地在走樓梯時，他已經跑到他們班的那一桌，抄起一杯不知是什麼東西的飲料，咕嚕灌下肚。等我發現那是紹興酒時，已經來不及了。

酒精很快發作，我兒子一會兒就站不住，出現很不舒服的樣子。這時我聽到隔壁桌的老師們竊竊私語，說虧我還是個大學老師，怎麼會讓小孩喝酒？聽得我當場氣炸了，立刻把兒子架上車。回家路上，兒子跟我說：『媽媽，我好難受，整個身體都要燒起來了。』

我是那種很有同理心的媽媽，平常我一定會出聲安慰。可是當時我真的氣炸了，如果開口，一定會講出很難聽，而且不能挽回的話，所以我選擇默不作聲。看到我如此反常，兒子沉默了一下說：『媽媽，妳知道我不曉得喝這個東西會讓我很難受嗎？』我說：『我知道你不曉得喝這個東西會很難受。』然後，兒子問我：『那妳為什麼這麼生氣呢？』

兒子的問題問倒我了。他說得有道理，我為什麼要生氣呢？可是我當時真的非常生氣，所以我告訴他：『請你給媽媽一點時間，我現在還是很生氣，等我冷靜一點再跟你討論。』回到家以後，我讓兒子上床休息，自己則思索了一下，為什麼會這麼生氣？

後來我冷靜地想，發現這件事也不全然都是壞事，讓他痛一次，他以後就不會那麼衝動，不會再搞不清楚是什麼東西就喝下肚。如此一想，我還有什麼好生氣？而且老實說，我覺得自己應該是氣，被說大學老師怎麼把孩子教成這樣，又因為我不能去跟那些人理論，所以才遷怒到孩子身上。

換句話說，我其實是在生氣那些笑我的人。妳覺得妳到底在氣女兒什麼？」

若雲說：「我氣她作踐自己，也不聽媽媽的話。」

我說：「如果今天是妳自己聽到她在房間裡哭，然後小女兒跑來說姊姊失戀了。妳還會覺得她作踐自己，還會這麼生氣嗎？」

沉默了好久，若雲終於開口：「那鄰居是八卦製造機，她講話的口氣，好像我女兒被人騙色騙身才會哭那麼慘，所以我才整個氣瘋了。可是人家是『好心』告訴我，我又不能對她發脾氣。想到女兒不聽話搞到自己受傷，想到鄰居八卦的嘴臉，再想到鄰居去跟別的鄰居八卦，表面上可憐我女兒，實際上卻是在笑我不會教小孩，我就忍不住憤怒了。」

我說：「我了解了。所以妳真正生氣的是鄰居，其實妳是很心疼女兒的。」

若雲說：「但她不聽話、作踐自己，我也是很生氣。」

我說：「這樣吧，讓我們來談談人是怎麼學會分辨好人還是壞人的？」

若雲說：「我知道妳要說什麼。我很聽我爸媽的話，所以我嫁的先生很好。」

我說：「那有沒有可能，有些人學習的歷程不一樣，必須親自去體驗而不是聽從指示？」

若雲想一想，說：「也是，或許有些人真的就是要自己去摔、自己去痛。只是，妳知道……女孩子要是被騙……可能以後會被結婚對象給嫌棄……」

我說：「妳女兒如果真要嫁這種先生也太可惜。會去嫌棄一個人的生命經驗，這種人的格局也太小了吧？」

若雲說：「但想想她真的好可憐，聽我鄰居說哭好慘。」

聽得出若雲的不捨，我說：「想打電話給女兒嗎？跟她談談妳今天找我談話的心得，或許晚上會比較好睡喔！」

若雲點點頭。

人在暴怒時，要先勒住舌頭、hold 住手，冷靜一下，想想你真實的情緒是什麼，這樣才不會錯殺無辜，也才不會讓情緒變成親情的殺手。

講他有興趣的，不是你有興趣的

有時候我們會生氣，是因為你覺得你都說過了，但對方就是不聽，以至於不好的事情發生。但有沒有想過，對方為何不聽？要如何才能讓對方願意聽？來說說我身邊的例子。

我的外甥女是名護理師。有一次她問我有沒有自己的頻道？她說醫院同事聽了出版社幫我做的 Podcast 好多次，很想再聽新的內容。兒子知道後，馬上提出各種經營自媒體的點子，Podcast、YouTube、Wordpress……甚至想到推會員制、課程等等，點子像洪水一樣洶湧而來，把我給嚇死了，拚命抗拒說：「我不要啦！我不要啦！很累耶！」兒子拿我沒辦法，就沒再繼續說下去。

然後又有一天在跟兒子聊天時，我跟他說：「今天上課時有學員問我：『我去接兒子放學，路上問他學了什麼都不回答。要怎麼才能讓孩子願意開口跟我聊天？』

我跟學員說：『孩子不回答，是因為這個話題是你有興趣，而不是他有興趣的。要他打開話匣子，得問對問題，譬如今天在學校有什麼事好玩？你最喜歡誰？誰讓你最生氣？再順著他的話問下個問題，慢慢勾勒出他在學校的一天。』」

跟兒子講完後，我自言自語：「嗯，這個內容很適合做 Podcast。」

兒子瞬間好感動，說：「媽媽，我講話妳有在聽耶！」

我抓抓頭說：「有啦有啦，我都有在聽。但是你的自媒體知識和點子像海水一樣多，而我的認知量就像一個小小的杯子那麼少，你一下子要全部倒進來，我接不住啊。」

還有一次回娘家，我哥哥一直要幫我的 Oculus Quest 2（VR 頭戴式裝置）後面加鐵片。他說，頭戴式裝置太重，長時間戴著脖子被往前拉，久了就會受傷。但我因為嫌醜，死也不肯加，就算我哥鍥而不捨地一直唸，也拿外國期刊論文裡有關 **VR** 設備戴太久造成頸椎變形的照片給我看，我還是不理他。

後來我哥乾脆直接把他自己那裝了鐵片、醜得要命的 Oculus Quest 2 套在我頭上。咦**！**果然前後平衡，很舒服，然後我就跟他討鐵片來裝了。

哥哥看我態度大轉變，抱怨我一開始都不相信他的話。我告訴他：「你講那麼多跟海水一樣，但我的認知只有杯子那麼大，裝不下都滿出來了啦！」

哥哥說：「那妳現在就甘願了？」

我說：「因為體驗過了嘛！**體驗後就有了意義**，有意義我就聽得進去，所以願意試試看。」

哥哥還是很委屈，說：「難怪我在外面演講介紹低醣生酮飲食的好處時，大家都興致缺缺，一把妳低醣前和低醣後、瘦好幾公斤的照片擺出來，大家就興致勃勃了。但低醣跟生酮的目的是為了健康，不光是為了減重啊！」

我聳聳肩說：「你就接受吧！畢竟一般人的認知容量，沒興趣時就跟酒杯一樣小，有興趣時才會像碗公一樣大。要引起別人的興趣，你得先讓對方覺得這件事對他有意義，之後人家才會聽你說。」

所以如果你問我，為什麼別人都不聽你說的？因為你講的和他沒關係，自然不會有興趣聽。**要讓對方願意聽你說，你得慢慢來，一次一點點，不要像海水一樣一下子全倒出來，先挑對方重視的、有興趣的事情來講，他才會願意聽你說。**

在下墜的時候接住他

就陪伴他哭、陪伴他失落，不要在情緒當頭要求轉念，
給他一些掙扎的時間，
幾次之後孩子就會成長了。

這個週末，我哥又在懟我那強大的小我，明明論文寫不過一年在頂級期刊發十多篇的教授，卻偏偏還是喜歡硬幹，要求自己的論文也得在頂級期刊發表不可，搞得身心俱疲。

其實我哥以前在長庚醫院工作時，也被要求要寫論文，但他只想行醫，所以很阿沙力地直接換到不用寫論文的醫院。還跑去印度修行半年，再到美國學

健身半年才回台灣繼續行醫。他對我說，我的小我太強大，根本沒人在乎我文章在哪發表，只有我自己死抓不放。

後來過幾天一位朋友跟我談起她女兒，說女兒在好學校的資優班就讀，但能力有點跟不上，她跟老公看了很心疼，覺得女兒去普通班或許會更自在、有信心。可是她女兒不死心，用求的、用作弊的，無所不用其極就是想要留在資優班。

朋友說：「我想不通，這不是顯而易見的事情嗎？就算是用求的、用作弊的方式，也只能短暫地留下來而已，這樣搞只是讓自己闖禍、沒自尊，划算嗎？到底要怎麼做孩子才肯放手？」

我安慰她說：「妳已經說了該說的、做了該做的。她需要一些掙扎的時間、哀悼她的失落，才會願意放手。」

朋友問：「為什麼孩子非得往一條此路不通的死胡同走呢？」

我說：「當人投入大量的感情和注意力在一件事情上時，那件事就變成

『我』的一部分，事情成功與否，自然也就和『我』是否成功劃上等號。如果這時硬要把事情抽離，就像是把自己的一部分割掉，肯定是痛徹心腑，所以我能理解她即使得用手段也不願意放手的堅持。」

朋友說：「說到這，我和她爸看她這麼執著都好害怕，怕她以後失戀也那麼死心眼的話，豈不是要去跪求人家，或者會不會做出什麼傻事。」

我說：「所以啦，現在先讓她經歷這個過程，也算是好事。這時候妳就陪伴她哭、陪伴她失落，讓她知道下墜的時侯有人會接住她。幾次以後她自然就會習慣失落，認識到失落也是成長的一部分了。」

講到這裡，我的心裡也悸動了一下，於是對我內心的小朋友說：「我知道在頂級期刊寫論文可以讓我們安全上壘、有個安身立命的工作，所以要你放手真的很難。可是我看你抱著這個又燙又重的目標已經很久了，如果你累了想放下也沒有關係。我們都準備好了，只要你放手，我們就會接住你。」

每個人的生命階段都會有那麼「一件事」和自己密密相連，失去它彷彿等於失去全世界。要和那件事告別，的確不容易，好好地去接受自己就是會哭、會失落，會有想幹傻事的衝動吧。但千萬要記得，這一切都會過去。

放手時，記得把自己接住，好好哭一哭，去吃點好吃的，做一些讓自己舒服的事，做一些日常會做的事。而身邊的親友們，看到所愛的人執迷不悟時，別急，你只需要在旁邊看著，在墜落的時候接住他就好。然後接受他哭，陪他去吃好吃的，陪他去做一些他喜歡的事，這樣就夠了。

記住，**孩子的生命裡不缺勸他的人，但絕對需要一個能接住他的人。**

轉念在被了解後

給予孩子足夠哀悼失落的時間後，若有需要再來引導他轉念。我有個學生最近因為男朋友入伍心情不好，我在家傳訊息安慰她。想到我兒子也當過兵，而且是那種會給大兵日記回信的兵，對於這類心情應該很有經驗。於是我問兒子，以一個過來人的身分，會給因當兵而分隔兩地的情侶什麼建議？

兒子說：「我會安慰他們說，現在只需要當四個月的兵，我以前得當一年，更早的人還有當兩年的、三年的。你們現在只要分開四個月而已，已經很幸運了。」

我說：「這樣他不會覺得被打槍嗎？」

兒子說：「人不就是要比較過，才知道自己很幸福嗎？」

我說：「是沒錯，不過我是這樣想的，如果你今天在學校被老師罵，回到家我卻說：『你那算什麼？我們以前都是被老師用藤條打，比起來你已經很幸運了。』我想你大概會火冒三丈吧？不過，你說得也對，人都是比較之後才知道自己的幸福。但是到底要怎麼說，才不會讓人覺得我們在打槍他，然後又能因為有比較而感到自己的幸福呢？」

和兒子討論了半天後，我想到一個在專業工作上的建議做法，說：「我自己的經驗是，幼兒會因為手上的三明治被分成兩半而放聲大哭。即使你一直跟他講說，只是分成兩半但總量還是一樣也沒用，他只會更生氣、哭得更大聲。可如果你懂得他的難過，讓他哭一下、哀悼他的失落，他就不會一直執著在沒人懂他的三明治被分成了兩半，一下就會忘記跑到別的地方去玩了。」

兒子說：「所以就算我很清楚這件事不值得難過，卻還是要懂他，不要急著教他也瞭解？」

我說：「看起來人性是如此。」

兒子不解地問：「難道不能去教一個人看到自己的幸運、知道感恩嗎？」

我說：「可以。不過**不能在對方情緒的當頭要他轉念，轉不過來的**。要等他平靜，能進入一個省思的狀態時再來探問，這麼做或許會引發他思考，看到自己的幸運。」

兒子問：「那要怎麼問？」

我回答：「我們可以等對方感到自己已經表達完了，也有被充分了解後，用一種懂得他的痛的方式來問：『分離真是很撕裂的事情啊！不曉得以前那種要當兩年、三年兵的人是怎麼熬過去的？』」

兒子笑說：「哇！媽媽高明。」

當別人正處在難過的情緒時，就算他只是丟了一百元，這種你覺得微不足道的事，你都不能對他說，丟個一百元算什麼？還有人年紀輕輕就得癌症呢！你要做的是懂他、接納他，用他的方式來哀悼失落。

當然不是說不能說教，更不是怕講話踩雷就什麼都不說，而是教育要在一個對的時機，用一種感同身受的方式、用提問的方式，來引導當事人跳脫自己的觀點，看到更寬廣的世界。

所謂轉念，是人在被了解後，願意抬起頭來看世界而自然發生的。

愛得舒服又有安全感

讓孩子自由地出去探索，
勇於做自己想做的事，
但當他需要我的時候，我一定都在。

我戲稱自己是 milo 的工具人。因為牠明明是隻狗，卻像貓一樣，叫也不會來，得等到牠高興才會來；你要抱牠，牠會死命掙扎一番然後跑掉。每次我跟兒子聊天時，牠總是把頭朝著門外，屁股對著我們，就算我們逗著牠喊：「milo、milo」，牠還是不回頭。

然而只要碰到打雷啦、放鞭炮啦，牠就死命地爬到我肩上掛著，不用伸手扶也不會掉下來，我就變成人體運輸工具，扛著一隻狗走來走去。暑假時，我在家工作的時間變長了，我才觀察到milo雖然自由地在家裡走來走去，一下子找兒子，一下子找女兒，但從不是無情地只把我們當作工具人而已。

我在工作時，牠會來我椅子底下，把屁股對著我；我在床邊量血糖、擠乳液，牠也會待在床尾，把屁股對著我；當我躺在床上追劇，牠會坐在我的腳丫上，但還是把屁股對著我。有天清晨，我感覺一個小屁股硬是要塞進來靠在我頸肩，我的下巴得對著牠的狗屁股，突然我好奇：「到底為什麼milo老是用屁股對著我？」

想了很久，我才領悟到——啊，狗的身體界線很清楚。牠不喜歡人家碰，喜歡有自己的空間和自由。但因為牠喜歡待在我的身邊，所以才總像個月亮似的繞著我轉，這也說明了為何牠總是把屁股對著我。

像milo與我們這樣，需要舒服界線的愛，存在每個關係中。

如果小孩一直被人抱著，他就很難跟外界互動，所以他想要探索、想要自由、想要掙脫。這不代表他不愛你，他只是需要自己的空間和時間，去探索新世界，他想要變成自己喜歡的樣子而已。

伴侶也是一樣。到哪都黏在一起，對有些人來說是很煩的。有的人就是想要探索、想要自由，可是這不代表他不愛你，他只是需要自己的空間和時間去探索世界，變成他自己喜歡的樣子而已。

然而一段健康的關係，除了要有界線外，還需要依附理論所說的，「有安全感的愛」。

好比剛出生的嬰兒是無助的，他需要安全的關係來支持成長。但隨著他能力的增加，對外面的世界越發好奇，只是尚缺足夠的安全感，所以他會一邊去探索，一邊回頭看你在不在。這時要是他回頭常常沒看到你，有些孩子就不太敢再放手去探索，反過來會一直黏著你，免得你跑掉。還有些孩子會生你的氣，氣你跑掉，於是又哭又鬧卻又不給抱；有些孩子覺得反正你都會跑掉，所以乾脆就不期待你了。

但如果孩子回頭看，你每次都在。你不會因為他不聽話就收回你的愛，轉身離開不要他。那麼他就會很放心地去冒險，他的能力也就會逐漸茁壯。他不會因為你常常不見，感到不安全，進而把注意力都放在你身上，不出去探索成長；他不會怕因為有自己的意見，你就不要他，所以勇於做自己想要做的事。

回過頭來想，milo、孩子和我之間的關係，大概就是這樣。**他們可以自由地出去探索，但當他們需要我的時候，我一定都在。我也可以自由地出去探索，但當我需要他們的時候，他們也一定在。我們不會黏在一起，也不要求做一樣的事。**

就像我兒子花很多的時間鑽研音樂，卻賺很少的錢，我和女兒過著和他很不一樣的生活，但我們從不干涉他。我和我女兒一天到晚怪力亂神，講一些兒子很討厭的、有關宇宙能量之類的觀點，但他也從不干涉我們。

這種既有界線又讓人有安全感的愛，讓人能夠呼吸，不會窒息，彼此可以不一樣，可以用自己舒服的方式成長，很自然的，就會喜歡待在這個關係裡。

愛，不一定要黏踢踢

怎樣才叫有空間又有安全感的距離？想到先前新冠疫情嚴峻時，那些被通知要隔離的媽媽們一定很無助，一定很擔心孩子該怎麼辦？家事要怎麼辦？

我自己曾在 SARS 期間被隔離過一週，當時是待在東吳大學對面、前夫家的頂樓小木屋裡。那時兒子小三、女兒小一，每天放學他們都會先爬到頂樓陽台，邊哭邊對著在遠處的我揮手。即便已經過了那麼久，和女兒談起這件事時，她還是歷歷在目，完全沒有忘記。

這次疫情嚴重的期間，我大都待在家裡準備新課程，其中一章講的就是依附理論。裡頭講到能與越多人建立安全的依附關係，孩子就越有安全感。而根據我的實際經驗發現確實也是如此。

回到剛才提到的 SARS 期間。那時我還在新竹的大學教書，考量台北到新竹的交通費，前夫便接手成為孩子主要的照顧者，因此孩子們也有足夠的時間和爸爸建立安全的依附關係。更好在因為有先培養出這層關係，不然當我被迫要隔離的時候，萬一孩子和爸爸「不熟」，一直哭著要找媽媽就糟了。

不過大部分做媽媽的人，總是不放心把孩子丟給隊友或其他人。但要是平常就能讓孩子和其他人有好的適應與安全感，在碰到像是疫情等被迫必須和孩子分開的時候，也才安心地把他們交給隊友或信任的親友。所以培養孩子與他人的關係，不僅要夠平常，而且時間要夠長。

所以，不要一天二十四小時、一年三百六十五天都把孩子「攬牢牢」，去洗三溫暖、去做臉或去喝下午茶都好，一週放手幾個小時，這樣一舉數得，對你好、對小孩好、對大家都好。

孩子需要自己的空間和時間，
但也需要媽媽無時無刻的愛。

身為媽媽，要明白黏踢踢不代表愛，
偶爾的小小分離，
反而更期待在一起的每分每秒。

兔包の崩潰日記
背叛的意思
馬麻「背叛」是什麼意思?
背叛啊…
背叛的意思就是…
我今天說好跟肉包組隊
但我在你不知道的情況下又去跟菜包組隊…
這種行為就叫做背叛
為什麼不想跟我一隊??
我也想跟馬麻一隊啊!!
欸…等一下!我比喻而已
你們那麼認真幹嘛?

STEP 3

駁

不教而教的幕後推手——

規範自己不干涉，與孩子佛系相處，
如果他不聽你的話，你就讓他失敗吧，
這樣他才能從錯誤中找到學習的動力，
傾全力了解自己，朝自己的目標邁進。

釐清議題的責任歸屬

即使是一家人，也會有「這是誰的事」的問題，
如果責任在自己得注意措辭，
如果責任在孩子就讓他學習去承擔後果。

演講的空檔，有位聽眾媽媽提問：「妳說要放手，是真的都不能管孩子嗎？我和我女兒的情況是，只要一管她，她就威脅我要去跳樓，我害怕她真去跳就一直拉著她。於是天天上演我給她建議，她就要跳樓的戲碼，搞得我好氣，氣到失眠。」

我好奇問：「可以說一件最近妳管她，她威脅要跳樓的例子嗎？」

聽眾媽媽說：「最近的一次，是我煮好飯叫她吃。她說等一下。我說等一下菜就黃掉了、壞掉了、爛掉了，後來言語就一來一往，她就又作勢要去跳樓。」

我說：「我瞭解了。妳覺得為什麼女兒會說要跳下去？」

聽眾媽媽說：「或許她覺得這是可以阻止我唸她的方法。」

我點點頭又問：「那有沒有可能，女兒喜歡做事告一段落才吃東西？」

聽眾媽媽堅持：「可是那菜就黃掉、壞掉、爛掉了啊！」

我說：「這樣的確比較不好吃。但妳可以讓她試試看，去吃黃掉、壞掉、爛掉的菜，或許以後不用催她，她就會自己來吃了。」

聽眾媽媽說：「不會。她一定會覺得沒關係。」

我說：「那如果她覺得沒關係，為何非得馬上來吃？」

聽眾媽媽說：「可是不馬上吃，菜就黃掉、壞掉、爛掉了啊！」

我說：「就讓她吃黃掉、壞掉、爛掉的菜嘍。妳覺得逼她立刻吃，然後她說要去跳樓，跟讓她吃黃掉的菜，哪一個比較划算？」

聽眾媽媽又說：「所以妳的意思是都不能管。做父母的，只能忍耐小孩子的任性嗎？」

我頓時想起早上要出門前，看到家門口一堆鞋子，然後我留言給孩子，請他們把鞋子收好的例子。於是把跟孩子的對話，拿給聽眾媽媽看，告訴她：「我還是有管的。因為我的孩子都在家工作，家裡進進出出的人很多，常搞得家門口一堆鞋。今天早上我又看到門口有一堆鞋，就傳了訊息要他們把鞋子收好，妳可以看看我是怎麼要求他們的。」

以下是我寫給孩子的訊息——

我：「各位小朋友，請把門口淹沒的鞋鞋收起來，這樣氣場比較舒服。」

兒子：「好的！我等等去收一下我的鞋。」

我：「謝謝大家。如果原因是鞋櫃空間不夠，我會把平常沒在穿的鞋子收起來。」

女兒：「嗯嗯，好的，我等一下去收。」

聽眾媽媽看了我們的對話，說：「妳的孩子好乖。」

我說：「的確，我的孩子很乖。但我也很注意要怎麼措辭，才不會引起他們的不舒服。舉個例子，如果我只是說：『請把門口淹沒的鞋鞋收起來』，前面沒有加上『各位小朋友』這類較為幽默的口吻，和結尾告知『這樣氣場比較舒服』等比較溫和的原因時，妳想，如果是妳的孩子，她會怎麼說？」

聽眾媽媽說：「她會說那是我有潔癖，要我自己去收，或是吐槽，妳自己鞋子那麼多，才讓她沒地方放。」

我說：「的確，把門口的鞋收進鞋櫃是我的需要，不是他們的需要。因此，我除了告訴他們為什麼我需要他們收鞋子外，也感謝他們為了我的潔癖而收。當然，我也有讓他們知道，為了把這件事做好，我願意做的調整。」

聽眾媽媽說：「可是把鞋子收到鞋櫃是大家的事吧？為什麼說是妳的需要？」

我說：「如果我們曾經開會討論，共同決定要把鞋子收到鞋櫃裡，或因大樓管委會規定『鞋子不可以放門外』，這樣才是大家的共識跟需要。但如果前提是這樣，我的措辭就會是『各位小朋友們，咱們把鞋子收到鞋櫃吧！』但情況並非如此，所以我就得這樣說『麻煩大家，也感謝大家的配合。』」

聽眾媽媽說：「都是一家人，為什麼要這麼麻煩？」

我說：「即使是家人，還是會有這個『到底是誰的事』的念頭。所以為了避免衝突，我會依照父母效能訓練或阿德勒議題分離所說的，先去分辨這是我的議題、你的議題還是大家的議題，再來決定要如何措辭。

現在回到妳的情況：妳煮好飯叫女兒來吃，她沒有馬上來，所以她吃到黃掉、壞掉、爛掉了的菜，會是誰要承擔後果？」

聽眾媽媽說：「她自己要承擔後果。」

我說：「如果是她要承擔後果，而她也願意承擔後果，依照議題分離理論，妳也不用多說什麼。」

聽眾媽媽問：「難道就讓她吃不營養的菜？」

我說：「有一天妳終究要離開她，再也管不到她。何況只是晚一、兩個小時吃，菜就真的會黃掉、壞掉、爛掉嗎？就算會，她也可以從不好的飲食經驗中成長，不管怎樣都好過現在她威脅妳去跳樓，讓妳氣到失眠來得好吧？」

我家當然也是會有讓我頭痛，需要解決的事情。但為了讓家人心情爽爽，願意彼此幫忙，我會先去釐清整個事件的議題歸屬，是我的、對方的、還是大家的？再依照不同的歸屬，決定措辭與處理方式。像是把鞋收到鞋櫃，是我需要大家幫忙，我就得說服大家。另外，我也一定願意為這件事付出努力或改變，讓被要求的一方聽了心裡比較平衡，就不會覺得要求的人只出一張嘴了。

化身教於無形

無須刻意規劃、安排，
透過簡單的日常互動，
孩子耳濡目染，看著看著自然就會了。

前一陣子，我跟二十幾年前在蒙特婁法文班的同學 Paul 和 Rebecca 重新聯絡上。聽到他們夫妻倆在我們分別後的人生經歷，開店、展店、金融風暴、被政府徵收、又重新開店的種種故事，我的心情也如同坐雲霄飛車般跟著起起伏伏。

我問 Rebecca 開餐廳這麼忙，如何兼顧孩子？她說，他家孩子挺自動自發的。我又好奇地問：「如何讓孩子自動自發？」

她回答說：「比如接孩子回到家後，我說：『你去寫功課吧，我去煮飯。』如果孩子不肯，說他剛放學好累要看電視，那我也會說：『好吧，我也很累。』就跟著一起坐下看電視。看了一陣子的電視，孩子忽然意識到我沒煮飯，問我：『妳怎麼不去煮飯？』我說：『可我好累。』，然後孩子說：『我肚子餓了！』我就告訴他：『好，那我去做我的工作，你也去做你的工作。』從此以後他就很自動了，回家會先去寫作業，我也會先去煮飯。很公平。」

冰雪聰明的 Rebecca 透過「不做」，來讓孩子習得不做的後果。這讓我想起電視劇《阿信》，家道中落的少爺龍三賴在地板上躺著，不肯出去工作。吃苦耐勞的妻子阿信三催四請請不動，最後乾脆也一起躺下來不工作。平常總是承擔的阿信，這次不玩為了家人要忍耐的那套，最後龍三無人可賴，只能起身出去工作。

Rebecca和阿信都發現了「用講的沒用」後，就不再重複無效的策略，而是冷靜地選擇了「不做」，讓家人體會到自己也要動起來才行。

要是不動，都還是有人提供所需，怎麼會有動力想動呢？要是不去上學、工作、做家事，整天窩著打電動，都還是有飯吃、衣服有人洗，又怎麼會有動力離開遊戲機去做該做的事呢？

有時候我們總是會擔心被別人說狠心，怎不多擔待些或是怎麼能讓家人餓著。但如果狠心不做能激發家人動起來，我們也不需要對那些七大媽八大爺的嘴負責了。所以，為了自己和家人長久的幸福，該堅持啥都不做的時候就不做，就算一時被千夫所指都無所謂，讓我們一起幫助家人動起來吧！

邀請孩子參與你的生活

用身教來教孩子很重要，但是如果孩子不看也不聽時，還能怎麼教呢？

那天收到勞動部勞動力發展署雲嘉南分署青年職涯發展中心，寄來要我簽名的書。我把所有的書都簽完後，請女兒一起打包裝箱。當我們再次檢查要寄回的書時，我跟女兒說：「發展中心的同仁留言說，因為擔心下雨淋濕書，只好把書包上塑膠套，但又擔心會造成我得一包一包拆封的困擾，對我表示歉意，他們真的好貼心喔！」

女兒說：「真的好貼心。要是書淋濕了，無論是誰收到，手感都會不舒服。」

拿起宅急便的託運單，我又說：「妳看，他們還附上已付款的託運單，也填寫好資料，我只要拿去超商寄就可以，實在好貼心。」

女兒說：「原來還有這種方式。真是好主意。」

我說：「那我也來寫幾個字，謝謝他們的貼心。」於是我在卡片上寫下「謝謝你們的貼心，我覺得好暖心。」轉身去房間拿了原本裝中藥的塑膠袋，把託運單放進裡面，再用無痕膠帶貼在紙箱上，請女兒有空時幫我拿去寄。

女兒稱讚我：「妳的環保行動力真強，會回收再利用那些中藥塑膠袋。」其實這回跟女兒的互動不過幾分鐘，卻已達成許多身教的效果。首先是邀請孩子協助。協助長輩會讓孩子有成就感，也因經驗愉快，能連結助人與快樂間的神經路徑，往後或許不需要特意開口教，就足以讓她喜歡助人了。

再者，過程中也讓孩子知道父母生活的樣貌，除了對父母有更多的了解外，也能擴展孩子對世界的認知。畢竟有時候孩子不知感恩父母的辛勞，是因為他根本不清楚你在做什麼。所以好比透過邀請女兒一起來把書封箱的行動，就可以讓女兒知道，我靜靜地坐在那裡寫東西，雖然看似沒什麼，但其實是有成果的，她也能知道我的時間與精力放在哪，對我會有更多的了解外，也會更貼心。

甚至藉著裝箱的時間，我還能和女兒聊這次活動的緣起。告訴她，雲嘉南地區範圍遼闊，無論在哪裡辦活動，難免會有民眾因路途遙遠無法參加。然而新冠疫情打破了慣性，很多人慢慢習慣線上上課，也讓參與活動的人變多了。談話中，女兒就可以學到，「雲嘉南」是被分在一區，也學到其他單位是如何克服困難，在疫情之下仍然可以達成業務目標。

此外，青職發展中心的同仁把用塑膠袋包裝書避免淋濕，也讓女兒知道未來在工作上有類似的需求時，也能複製這樣的貼心。一個人若是工作細心，在工作崗位上就會有好名聲，未來想要轉職也會更加順利。

而且我能夠觀察並讚賞他人的優點，像是寫卡片感謝他們的貼心這件事，也會對女兒在人際關係上有所啟發。因為看久了、聽久了，她就不會有「這不是常識嗎？有什麼好稱讚的？」的想法，所以即便是一個小小的優點——中藥袋回收再利用，她都能夠自然地開口稱讚，不會給人刻意、拍馬屁的感覺。

只要每天透過幾分鐘的互動來傳達身教，你根本不需要特意他教什麼，孩子看著看著自然就會了。

別衝動，馭子如下棋

當孩子憤怒時，
得先讓他的情緒有個出口，
之後腦中的理性才有可能甦醒過來。

趨吉避凶是人的本能，遇到事情時不是戰鬥就是逃跑，譬如發生火災了快跑、有人入侵了快趕走他。但是對孩子這個複雜的有機體，你得多點思考。有一次我去朋友家，剛好看到他讀國中的兒子氣呼呼地進門，一問之下才知道原來籃球場被搶了。

朋友的兒子說：「因為他們是一群人就要我讓，然後我就傻傻地讓了。但為什麼我要讓？我要打電話給同學，叫他落人去堵他們。真的超氣的！」

朋友立刻很緊張地說：「千萬不要啊！」

我說：「那也太霸道了吧？人多勢眾就可以欺負人嗎？」

聽到我說的話，朋友雙眼瞪著我好似快噴火，我猜她心裡一定在罵：「妳是在火上加油嗎？」

朋友兒子聽到我的回應，接著說：「對啊，真的太囂張了。」

我說：「這一定要處理的。你要不要講一下當時的狀況？」

朋友兒子說：「他們來了五個人，不曉得是高中生還是大學生，那時我只有一個人在球場練球。然後他們說等一下還要去趕另外一攤事情，就問我可不可以讓給他們。」

我問：「他們有說了什麼，讓你覺得不讓他們不行嗎？」

朋友兒子回答：「沒有。就是剛剛說的那樣，他們只有說等一下還要去趕另外一攤事情。」

我說：「所以他們沒有說什麼威脅你的話？」

朋友的兒子回答：「沒有。可是他們的氣勢擺明了就是在逼人啊。」

我告訴他：「對啊，他們人這麼多、身材又那麼高大，如果是我，我也會覺得有威脅，只好讓了。」

朋友的兒子無奈地說：「對啊。」

我說：「我能夠理解你想要找人討公道的想法，不過阿姨覺得你的勝算不大，而且搞到最後可能連你的朋友都會生你的氣。」

朋友的兒子不解：「為什麼？」

我回答：「讓我們假設一下，萬一到最後事情鬧大，雙方打起來，還鬧到警察局。然後警察來問案，才發現人家根本沒有威脅你，是你自己說好要讓的。那你朋友知道來龍去脈後，可能會很不開心，畢竟鬧到警察局，得爸媽來才能帶他們回去。」

朋友的兒子說：「他們絕對不會怪我的。」

我說：「這只是我的經驗啦，你就參考看看嘍。」

接著朋友的兒子進了房間，開始打電話給朋友。

朋友看了非常緊張，問我：「妳覺得現在要怎麼辦？」

我說：「再觀察看看。最糟的狀況就是我們也跟出去，我想有我們在，他們不至於打得太嚴重。」

與此同時，朋友的兒子一直在房間裡講電話。後來我和朋友一邊吃飯一邊緊張地聊，許久，都不見兒子走出房門。

看到這樣的情況，我對朋友說：「都過一小時了，我想妳兒子不會有行動了。」

朋友這才鬆一口氣，放心地說：「妳剛那是險招啊！居然都不擋他。」

我說：「他體型那麼大，真要衝出去我們擋得了嗎？我們只能先同理，讓他憤怒的情緒有出口，之後才有機會讓他理性的腦袋動起來。」

朋友問：「妳一開始是不是也沒把握？還說萬一他出門，我們就跟去。」

我回說：「我的確是沒把握。但**跟孩子相處就像在下圍棋一樣，妳得預先**

想好下幾步，絕對不能衝動，只想用攔、用擋的。」

人其實是複雜的，會有自己的思想、自己的情感，不是一個人想阻擋就可以阻擋的。就像朋友小孩要落人去籃球場討公道這件事一樣，**希望一個人能依理性而為前，家長們務必先傾聽與同理，勒住舌頭，不輕易下判斷與指責，等待對方一時的情緒過去，理智腦袋才有可能動起來。**

規定要少，執行要嚴

原則很簡單，
有達到規定才能到下一關，
未達規定一律退件。

每回到了暑假，看到朋友們和孩子奮戰得焦頭爛額，就感到百般不捨。想起過去在國外讀書時，每次暑假都是砸下重金，讓兒子女兒參加夏令營，才能讓我有時間寫論文。然而有一年，兩個孩子很認真地找我開會，表達他們想要一個在家裡滾來滾去的暑假，不想再去參加夏令營。

那時我很猶豫，因為我得讀書寫論文，如果又要安排他們在家的活動，實在覺得有點害怕，但看到他們對自由的渴望，我也只好答應。又想到他們在學期中所學到的知識，都還沒有機會拿來試，如果一直擺著不用，過一陣子也會消失，先前的努力也就會白費。所以我對於他們選擇使用舊知識，而不去學更多的新東西很能接受，也不會覺得他們真的就是在家耍廢。

原則上我還真的不太管他們，就像幼兒園小朋友在學習區那樣。當時我家有三層樓，即使他們上下樓跑來跑去，乒乒乓乓把玩具全倒出來，把被單全拉出來我也不管。只是，雖然我很少有什麼規定，但一旦有規定，那就是清清楚楚。要是東西玩完之後耍賴不收，我也不會跟他們你來我往地討價還價，反正有收好才可以到下一關（譬如吃點心或出去玩）；沒收好，我就讀我的書，你收好再來叫我，唯有檢查通過才可以到下一關。

會如此講求嚴格執行，可能和我以前當過行政人員有關，反正你資料沒備齊，我就是沒辦法幫你辦。當然，我也不會跟缺件的人大吼大叫，因為就算喊破喉嚨，缺件也不會生出來。

所以往後遇到假期，也建議爸媽們試試，那種規定少少但是一定要嚴格執行的做法，相信我，這樣比叨唸更有用一百倍。

罰到痛處才有用

嚴格執行規定比叨唸有用，就算要處罰，也要罰在痛處才有效果。

好比前一陣子我女兒發展了新「習慣」，牙膏用完不蓋上。我提醒她要蓋上，她說好。但幾天下來我發現牙膏蓋子還是沒有蓋上，於是又提醒她一次，然後她又說好。這時根據我的經驗，我知道再提醒下去遲早會動氣。所以為了避免這種狀況發生，我對她說：「這樣吧，事不過三，如果下次再沒蓋上就開罰，好嗎？」

女兒說：「好。」

我說：「那罰五十元。」

女兒平靜地說：「好。」

我又說：「真的會罰喔。」

女兒笑了笑，說：「但我老實說，罰錢我是不會在意的。我只在意吃。」

這提醒了我，罰錢根本對她不會有警惕作用。如果她在意的是「吃」，是不是應該要剝奪她吃的權利？但不讓她吃違反人權，況且她身邊有那麼多人在幫忙餵食，也沒辦法真的執行。快想！快想！她的罩門是什麼？然後靈光一閃，啊！我想到了！

於是我跟女兒說，如果她再不把牙膏蓋上，那下回我要出國時，就不幫她預先做好低醣便當了。對，低醣便當就是她的罩門！

我說：「不幫妳做低醣便當的話，到時候妳只能吃外面，肥死妳。」

果然女兒慌張起來：「太殘忍了！妳沒有給我改進的機會！」

Bingo! 罩門 confirmed。

我說：「那歸零重新計算，要是再警告三次就開始。」

女兒仍不死心繼續討價還價：「那是永遠不幫我做嗎？永遠嗎？不能補救嗎？」聽她聲音超緊張，哈哈！真的是罩門。

我說：「好吧！那就罰一週不做妳的便當。」

「唉！」女兒沮喪地說：「要做到真的很難嘛！」

我說：「所以說，要罰就要罰到痛處啊！」

然後我像巫婆似的仰頭朝天，哇哈哈哈邪惡大笑。

訂下規矩就要嚴格執行，
罰在痛處才有效果，
那加倍奉還也不為過吧！

兔包の崩潰日記
加倍奉還！
喂!!你為什麼踩我的枕頭??
你踩我的我也要踩你的!!
嗚~~不要!!

當個黑幫老大般的老媽

拿出氣勢、恩威並施，
讓孩子有信心可以繼續相信你、仰賴你，
尊敬你為一家之主。

前一陣子，朋友女兒瞞著家人偷偷和網友見面。幸好學校老師覺察有異，趕緊通知家長，大隊人馬展開一場追逐，很快找到了人。果不其然，這個網友並非善類，有誘拐、拍攝影像威脅少女的前科。事後朋友與老公對女兒的判斷失去信心，尤其看到她仍不斷用社交軟體與人聊天時，更如驚弓之鳥，懷疑女兒根本沒有學到教訓。

只是跟朋友的談話中，朋友也提到女兒在得知之前那些被拍照威脅的女孩遭遇時，一度默不作聲，後來還發現她連續很多天都嚇得睡不著，也帶她去身心科就診，希望她能好睡一點。

我跟朋友說：「聽起來妳女兒確實知道差點羊入虎口，才會瑟瑟發抖睡不著，不像妳說的沒學到教訓。為什麼妳會這麼認為呢？」

朋友說：「因為當我告訴她，以後不要再跟網友見面時，她馬上反問：『為什麼？身體是我自己的，為什麼我不能決定要跟誰見面？』妳說，這樣算是有學到教訓嗎？如果是，那我真不懂要怎麼教青少年了。」

我告訴她：「青春期是很奇妙的一個階段，既像大人又像小孩，表面上看似長大了，卻又沒有獨立自主的完整能力。想要家長肯定他、給他自由，但又仰賴家長的餵養與照顧，兩股力量來回拉扯。這也能解釋為何妳女兒知道真相會瑟瑟發抖，卻又嘴硬為什麼不能擁有自由、不能自己決定。」

朋友擔心地說：「所以只能來硬的嗎？但來硬的，她一樣會反抗。還是尊重她、不管她？可是不管她，也不曉得這回她又和誰在社交軟體上聊天。」

我說：「捏了怕死，放了怕飛，真是兩難。不過，依據我的觀察，父母和青少年的關係，其實更像黑幫老大和小弟，當然不是會剁手指、打斷腳的那種。而是黑幫老大握有權力，對小弟很照顧，但如果小弟亂來或把事情搞砸，老大就會收回他的權限，除非小弟再度贏得老大的信任。

青少年就像黑幫的小弟或獅子群裡的年輕獅子，隨時想著要怎麼鬥倒老大以證明自己的厲害，再加上荷爾蒙作祟，他們會不斷地挑釁與試探，因此，老大必須一次一次透過恩威並施的方式，來證明自己依舊是領導者，並讓小弟在一次次的試探中學會規矩。」

朋友說：「所以，妳的意思是我要沒收手機，讓她知道我是老大嗎？」

我說：「有恩才有威。妳還是可以讓她擁有手機，但要告訴她，雖然每個人都擁有身體自主權，不過在還沒有成年之前，父母還是有法律責任得保護她，也可以告訴她，這件事起因於手機社交軟體的不當使用，在證明她能夠辨別危險之前，妳必須要把手機收起來，直到她可以說明自己從中學到了什麼教訓才能拿回去。如此也可以解決，妳不確定她有沒有學到教訓的問題。」

朋友苦笑說：「她一定不會說學到什麼，嘴那麼硬，一定會反問我。」

我說：「這就要讓孩子知道妳不是在為難她，只是要確信把手機還她是一個對的決定而已，也希望她學會用道理來說服他人，而不是用反問的。」

媽媽說：「但她一定不會……」

我笑說：「唉呦～～妳是黑幫老大，不是被小弟威脅的軟弱阿嬤耶，妳得先有氣勢。先試試看這方法行不行，若是真的不行我們再來討論，不要自己一開始就沒了底氣。」

青少年是小孩轉大人、在依賴與獨立自主間反覆掙扎的階段。家長這時要有當黑幫老大的氣勢，讓孩子有信心可以繼續相信你、仰賴你，尊敬你為一家之主。同時也要學會，想在社會存活下去要賴是沒有用的，得付出、得表現、得說服對方才行。

小孩越長越大，會在依賴和獨立之間反覆掙扎；
身為媽媽，也是在罵人和不罵之間來回煎熬。
不如學會黑幫老大的馭子術，
或許我們都能更和平共處一些。

兔包の崩潰日記
我也想當黑幫老大
不准拿筆畫牆壁!!
我們不要用筆就好了嘛!
改用尺刮
我也要玩!

有意義才有學習動力

希望孩子能獨立自主的第一件事，
就是放手讓他嘗試，
忍心讓他去摔、去痛。

仲儀是我的學生，她有個困擾，就是「自己是老師，卻叫不動兒子學英文」。

我安慰她說：「我兒子、女兒小時候在魁北克住過三年，當時無論是看漫畫、講祕密都是用法文。回台灣後，我為了維持他們的法語能力，想盡辦法幫他們找法文老師，還安排兄妹倆和法國小朋友一起玩，能做的我都做了，但他們不學就是不學。」

仲儀驚訝地說：「老師講的狀況，完全超乎我的想像。說到學英語，我腦袋裡只有想到要怎麼讓兒子乖乖把英語作業寫完，像是請老師坐在他旁邊看著他寫，寫完才能走，或是規定在一定時間內要寫完，否則就失去當天打電動的權利。而且我以為，如果已經會某國的語言，就會有動力繼續學習下去，卻沒想到即使老師的小孩已經會法文了，即使老師不像我硬性要求，而是透過有趣互動讓他們產生學習的動力，但原來還是沒有用？」

我說：「是啊，真的沒用。」

仲儀露出絕望的表情說：「那要怎麼讓孩子願意學習呢？能用的方法我們都用了啊？」

我笑說：「這點我倒挺想得開的。反正有需要的時候，他們自然就會去學了。」

仲儀說：「又是老子哲學嗎？」

我說：「水到渠成。既然當下他們沒有覺得好玩或覺得有意義，沒有產生學習的動力，那就表示一定有其他事更吸引他們，才會想要投注精力、時間與感情在那件事情上。」

仲儀問：「所以老師的意思是，如果有意義就會讓他願意走下去？」

我說：「是啊！剛好上週我去進修如何幫助大學生職涯發展，課堂上李宜芳老師放了『大象體操』樂團主唱張凱翔在大四時的訪問片段。當時他被問到對台灣教育的看法時，曾表示出對台灣教育的不信任。我記得他在影片中說，覺得台灣的教育沒有把學生變善良。

後來好像又過了兩年吧？拍片的人繼續追蹤訪問，而張凱翔也計畫性地延畢，正準備要發第一張專輯。然而這次在影片中，他卻說，政大把他教得很好，讓他變得會思考、會寫企劃，也讓他爭取到經費。

看完影片後，李宜芳老師就問在座的老師們如何看待這兩段訪談？教經系的林曜聖教授就說，因為有『運用』，讓所學的知識變得有意義。所以，回應你的問題，是的，**有意義讓人願意學下去。**」

輸了又如何

仲儀又問：「可是，怎麼可能孩子會先因為有用、覺得有意義，於是願意去學？一定是先學會了再去用啊，不然兩手空空要怎麼出去用？」

我說：「其實台灣的幼兒教育就是這樣。妳看幼兒園的小朋友好像都在玩，但老師們都有觀察他們在生活中對什麼有興趣，然後再用他們有興趣的事，去延伸到學習語文、數學、自然等知識上。

譬如某個小朋友講到他假日搭火車去花蓮玩，引發大家對火車的興趣，所以老師趁這機會帶大家認識、動手做火車站等等。而小朋友在透過動手建火車站的過程中，學會了比例、知道賣東西的地方設在哪最好之類的知識，這就是因為有意義而學習的例子。

只是到了小學、中學以後就比較不是這樣了，所以孩子才會覺得學習沒意義。」

仲儀說：「難怪，難怪我爸也都不學習了。」

我好奇地問：「怎麼忽然聯想到這件事？」

仲儀回答：「我爸自從退休後就宅在家，哪裡都不去。就算我媽揪他去唱歌、看畫展，做什麼他都覺得沒興趣。我在想是不是因為他覺得做這些事沒有意義。」

我說：「很有可能喔。如果妳爸爸一生的目標，都在為了活下去或是養活你們，現在你們都獨立了、他也退休了，而生活也無虞，那他確實有可能失去做任何事的動力。那種不為什麼而做，或只是為了有趣而做的概念，並不存在他的腦袋裡。」

仲儀說：「老師妳這樣講好恐怖喔！因為我就是會跟兒子說，現在不學英文，以後就會沒有工作的這種人。我似乎複製了上一代學習是為了活下去的信念。對我而言，只是為了好玩的學習很浪費時間，讀研究所、學英文，都是為了有競爭力，從來沒有為了好玩而去學習的成分在裡面。雖然老師講得很有道理，但我還是放不下孩子不學英文這件事，這又該怎麼辦呢？」

我說：「這就要檢視，妳堅持要孩子學英文背後的信念了。」

仲儀說：「因為這樣才能在要用的時候有得用啊！」
我說：「那如果要用的時候再去學呢？」
仲儀說：「那就比人家慢很多了。」
我問：「慢很多會怎樣呢？」
仲儀回答：「就輸了啊！」
我說：「輸了會怎樣呢？」
仲儀說：「輸了會難過啊！」
我說：「誰難過？」
仲儀說：「我看了難過，孩子也會難過。」
我說：「如果孩子難過，那不就會有動力去學習了嗎？而且還學更快？我看過好多父母因為孩子半夜打電動不睡覺，隔天上課爬不起來氣得要死。他們問孩子為什麼不好好讀書，孩子說沒有興趣。對我而言，這種事情的解方就是讓孩子休學去工作。工作以後，各種學習動力就會跑出來，就算是為了付房租、網路費、買食物，也都是動力。

可惜很多父母太害怕孩子比人家晚畢業，怕被人說三道四，怎樣也沒辦法壯士斷腕，讓孩子自己出去走一遭，自己去生出動力來，於是陷入無解的惡性循環中。」

仲儀說：「我就是太害怕孩子不會英文，和人家不一樣。」

我說：「那這樣吧，既然妳逼也逼了，不妨現在先停下來，看看妳兒子目前覺得有意義的事情是什麼？好好地看，不要用他『應該』是什麼樣子的前提來看，而是他真的覺得有意義的事是什麼？」

仲儀回答：「那就是畫畫啊。哎唷，老師，但畫畫又不能賺錢。」

我說：「妳怎麼知道如果他好好地畫，未來不會成為土木工程師、室內設計師或產品包裝設計師呢？」

仲儀說：「他沒有那個天分啦！只是有興趣而已。我看得出來。」

我說：「就講剛剛那個張凱翔的訪問，他也提到在投入音樂後，了解到自己在音樂上不是那麼有天分，後來投入影片拍攝，發現自己在拍片上一樣沒有太多天分，但他知道如何去結合二者，也懂得運用人脈。如果我們常因眼光受限，只會從當下的狀況去推論未來，沒辦法去想像其他可能性，很有可能反而阻止了孩子的發展。

看遠一點，**妳的孩子會因為進了一扇門，然後看到另一扇門。我們的人生就在開啟一扇一扇門的過程中，有了無限的可能。**」

孩子是獨立的個體，你覺得有意義的事，他不見得也覺得有意義；你覺得有意義的事，也有可能會狹隘了他的發展，斬斷了各種未來的可能性。做父母的不就是希望孩子有朝一日能獨立自主嗎？要他們獨立自主的第一件事，就是放手讓他嘗試，忍心讓他去摔、去痛，這樣他就長出力量與發現意義了。

所以，**就讓他不聽你的話，就讓他輸吧！這樣他才有機會找到動力，成為一個自動自發，而不是你硬推，還不情願動的人。**

媽媽和孩子想的永遠不一樣，
就把他們當作獨立個體，
讓他們體驗自己的人生。
好哇好哇～～你們就繼續無腦吧！

兔包の崩潰日記
節目的選擇
媽媽希望孩子看的節目。
Is this an apple?
Yes!
Yes!
孩子自己選的節目，通常"笑點"都讓人無法理解…
哈哈哈哈哈哈哈哈哈
喔~~…不!!

不必栽培小孩，只要栽培自己

單方面要求孩子滿足你的期待，
只會模糊他們傾聽自己聲音的機會。

家族裡有個孩子正在申請學校，過程中難免有著各種的狀況與擔心。女兒告訴他：「不順利也沒關係啊，人生的路那麼多條，這條不通，走別條就好了。」一才剛講完，女兒就自言自語說：「奇怪，看別人的問題清清楚楚，說道理給別人聽也很容易。可是換成自己就完全不是這麼回事，會有各式各樣的糾結與在意。」

我說：「難怪人家說，外面沒有別人，只有妳自己。當有人在外頭指指點點時，我們所有的力量都用來滿足、應付與對抗外面的人。而沒有別人指指點點的時候，力量就轉向自己，得去看清自己的需要、應付內心的諸多矛盾，還要對抗自己不同的慾望。想要完全看清楚自己，那可不容易啊。」

回想我讀五專的時候，大部分的時間其實都在睡覺。但我卻清楚記得當時有一位老師分享她的婚姻狀況，那也是我第一次學習到，人是如何被外面的聲音掩蓋了自己真正的問題，還有當外面的敵人消失時，面對自己又會是如何的倍感艱辛。

老師說，她和先生結婚前，整個力量都放在對抗反對他們交往的婆婆上。她形容自己和先生是「雙手牽緊緊」，唯恐婆婆興起的風浪會沖散他們倆。後來婆婆過世了，風浪停了，以為就此太平時，他們這才發現「房間裡的大象」（Elephant in the room），意識到原來夫妻倆是如此的不同。既沒有共同話題，也沒有共同的興趣，甚至有時先生還會嫌惡她：「妳跟我媽好像。」

這不是婚前就要看出來的迥異嗎？為何他們的差異如此巨大，卻一直沒有看出來呢？那是因為過去他們有共同的敵人——反對他們在一起的婆婆。因為婆婆興起的風浪太大，大到比大象還大，才遮住他們的視線，以至於看不見彼此的差異。

老師的例子，我一直記在腦中。因此在孩子還小的時候，我就會引導他們去適應社會，很少要求他們做什麼事情來符合我的期待、讓我開心。畢竟若我有什麼期待，自己去完成就可以了。單方面要求他們來滿足我，會模糊了他們傾聽自己聲音的機會。因此，我的孩子很早就得自己做選擇，不會有我擋在前面，模糊了他們的視線。

這也是為什麼我會選擇佛系教養子女的原因。尤其在華人文化薰染下，我們的注意力多是放在集體利益，很少有機會去了解自己、滿足自己，或與自己和解，然而其實自己才會是那個拿著鞭子譴責自己最嚴厲的人。

所以為了讓孩子充分認識自己，我用議題分離的做法來與他們相處。除非你踩到我、侵犯我的權益，否則我都會閃邊去，不成為孩子的假議題，如此才能讓孩子傾全力去了解自己、滿足自己與自己和解，也才能得到內心真正的平安。規範自己不干涉，與子女佛系相處，應該是我對孩子表達的最大善意了。

怕孩子懶，自己就不要懶

當然我也明白家長的擔心，害怕對孩子佛系，萬一讓他們變成「懶佛系」怎麼辦？

我們家的做法是這樣：讓孩子知道，想做什麼工作都可以，但前提是得養活自己。有我這種佛系媽，三餐孩子得自己煮才有得吃，不煮就會餓死，不自己去賺錢繳網路費就沒得上網，哪裡會有躺在床上沒日沒夜打電動這種事？

我知道一般家長對孩子的期待甚高，標準絕對不會只有養活自己而已。所以以下就來揭祕我這佛系媽，如何幫助孩子不只不犯懶，還很上進的方法。那就是——**不必栽培小孩，只要栽培自己**，之後我的小孩很自然地就跟我一樣上進了。

不相信嗎？我曾說過在加拿大讀博士時，有一陣子吃全素。不過我沒有告訴孩子，只是自己一個人拿碗公裝滿青菜猛磕，漸漸地，兩個小孩也跟著拿了一大碗一大碗的青菜吃。後來他們回台灣唸小學，老師對這兩個小孩會主動吃菜感到好奇，問我是怎麼訓練出來的？

當時我還很認真地問兒子，為什麼會跟著我吃青菜？兒子說：「看妳吃得興高采烈，感覺一定是好東西吧？不然怎麼吃得那麼開心？」所以根本無須勸說，也沒有強烈抵抗，我的兩個孩子就大口大口地吃起青菜了。

再說到工作。我想大家從我密集發文的程度就可以看出，我幾乎是睡醒就開始工作，中間想到什麼就閃電寫一篇文章貼在臉書上，然後又繼續工作，工時相當長，也算相當努力。但我也常利用工作空檔，出去跟兩個孩子打屁聊天，順便捉弄他們。在這樣的潛移默化下，孩子也學到即使工作不輕鬆，從張眼到睡覺都案牘勞形，還是可以開開心心地過生活。

但即使工作再忙，每當孩子有困擾，我一定會立刻放下手邊的事，好好聽他們說話；孩子想跟我玩 switch，我也一定奉陪（其實也是順便休息）。長久觀察下來，他們會從我身上學到如何配速，讓工作與休息之間鬆緊得宜，更學到家人遠比工作重要的態度。

說來就是這麼簡單，**你怕孩子懶，你自己就不要懶，你怕孩子不上進，你自己就要上進**；你要他有毅力地學游泳，那你就要有毅力地健身給他看；你要他斷手機，那你就斷手機，拿書讀給他看。

你有多好，孩子就會學你有多好。

失敗被看見又何妨

失敗只是一個可以修正、可以變得更好的提醒而已。
當孩子與失敗相遇時，
不用那麼失望，真的沒事的。

女兒下班回家已經九點多了，每天得睡十小時的我正好要去就寢。睡前我跟女兒說：「去年七月投稿的那篇期刊論文，傍晚收到退稿信了。」

女兒說：「啊，花了一整年的時間耶。妳一定很難過。」

我說：「對啊，就好像談了一年的戀愛，過程中對方要你改，你也改了，但最後還是勉強不來，只能分手。」接受女兒給我拍拍，原本沮喪要去睡的我，乾脆轉身去冰箱拿出點心，給自己找個理由，心想「人家是借酒消愁，而我要怒吃一波以解憂愁」，放任自己在睡前吃起宵夜。

我的兒女從小就看我在無數次的投稿、覓職中被拒，但我可以說，這是我給孩子重要的生命禮物之一。

我想要讓孩子們看到我失敗的模樣。讓孩子們看到我失敗、難過、任性，再看著我療傷，看著我摔倒在泥堆裡、站起來、再摔倒、再站起來，讓他們看到我不斷堅持或到最後選擇放手，我都在為自己找最合適的地方。

如果我沒讓孩子參與這個過程，只讓他們看到我成功的模樣，那孩子未來碰到挫折的時候，怎會知道生氣跟難過是可以的？怎會知道跌跌撞撞爬起來的過程是什麼樣子？他們又要如何知道放手並不可恥呢？

社會學裡有個「彼得原理」，意思是說，在科層體制裡人會因其某種特質或特殊技能，被擢升到最終無法勝任的高階職位。也就是說，為了追求卓越表現，人生就像在爬一座座的樓梯，這座爬完了再爬另一座更高的。就這樣爬呀爬呀，有一天，終於爬到一座能力勉強能夠到達的地方，並引以為榮，但很快的你就會發現，原來自己跟同個高度的其他人比起來是倒數幾名。

你可以用各種形容詞來描述身處於其中的感受：恐懼、擔心、害怕格格不入，覺得自己不夠好、不夠努力，不值得活在這個世界上。可以想像時時刻刻活在這樣處境中的人，對生活是很絕望的。

因此**我不喜歡我的孩子追求卓越，我喜歡他們去做自己喜歡的事**。卓越，是在做了自己喜歡的事情之後，自然產生的副產品。他們可以自然卓越，也可以不卓越，養活自己就好。所以我常跟孩子說，只要能養活自己，不傷害他人，我就會為他們的人生感到光榮。至於我的兒女有沒有因為媽媽的低標準，就怠惰而停滯不前？沒有！他們現在的成就遠遠超過養活自己。

以追求卓越贏過別人為目標，遲早會因為再也爬不上去而自我唾棄、陷入憂鬱。**做自己喜歡的事，享受自己努力付出，人生才會像身處電玩世界一樣，一直聽到「鏘鏘鏘鏘」加分的聲音，開心得在生活裡流連忘返。**

相信人會自我修正

況且失敗對我來說，並不是什麼丟臉的事。由於我從小就不是體制內的乖孩子，還曾被認為不受教、很難管，因此做事情有成功會被認為只是意外，老師不喜歡我則是很正常，這導致我對於失敗沒有太大的恥辱感。

但自從到國立大學任教，發現許多來找我諮詢的學生，都很怕失敗，甚至會怕到癱瘓、不敢嘗試，或是只要失敗一次就一蹶不振……這是我這種把失敗當日常的人無法理解的。於是我請教了我身邊那位，從小就名列前茅，一路從附中、台大畢業的女兒，請她告訴我為什麼有人會這麼害怕失敗。

女兒表示台大人很多都有這個議題。她說，在學校裡成績就和金錢一樣，是衡量一個人成功與否的標準。那些一路在學校系統中領先的人，見識過老師是如何看待成績不好的人，於是一題也不敢錯。因為錯，代表老師會失望；錯，代表失去地位、不被愛；錯，代表生存受到威脅。

但女兒也表示，她後來之所以能夠掙脫不能失敗、不能錯的魔咒，是因為在學習語言的過程中得到了體悟。她發現語言要學好，其實不用死命背，只要不斷不斷地聽，大腦自然會自己整合。當你同樣的字彙聽了一百次以後，很自然地，你就學會這個字了。而她也就從「腦子會不斷地自動學習」的這件事，領悟到沒有人會因為一次失敗，就整個人生完蛋的道理。

因為這次失敗了，只要你繼續學習，腦子還是會繼續做工，而你也就會越來越厲害。不管失敗幾次都一樣。

聽了女兒的論述，我也分享自己的看法。我說：「就像幼兒把阿公叫成了阿東，某種程度也算一種失敗啊，可是之後一次一次跟著大人重複去發音、一次一次地學習，小孩遲早會學會，不會把阿公叫成阿東。但要是你一直強調他很笨學不會，他就會真的相信自己很笨，然後停止學習，那時才真的叫做怎麼學都學不會。」

不會用成績來排名家中地位，或許就是我家族厲害的地方，因此就算我小時候不乖、成績不好，也沒有人讓我覺得自己很笨。失敗對我而言，就像是阿公講成阿東一樣，頂多大家聽了笑笑而已，不會怕別人對我失望、怕失去愛而引發生存危機，就此不敢嘗試。

失敗就只是一個現象，一個可以修正變更好的通知而已。所以當你與失敗相遇的時候，不用那麼失望，沒事的。

至於做父母的，就要把孩子的失敗當成把阿公講成阿東，只是需要多一點練習，差別就只是時間長短而已。但時間的長短又代表什麼呢？有人三十歲便功成名就，卻英年早逝，可有些人直到八十歲才開始作畫，後來成了世界知名的畫家。

要相信孩子會自我修正與成長，除非家長一次一次對他們傳達出失望，讓他們一次一次自我否定，不然**只要人的腦子沒死，一輩子都有機會再學習。未來只會越來越好，哪會越來越糟呢？**

勇於認賠殺出

沒準備好要接受，就算食物拿到嘴邊也沒有用，
為了義務綁著大家都痛苦，
既然不愛了就乾脆放手。

那天和弟弟到從小一起長大的朋友阿峰家喝咖啡。聊天中談起我小時候曾經溺水的事，也讓我更確信我對孩子的教育，採取不學不勉強，有需要再學的佛系態度。

記得那是一個炎熱的暑假，阿峰和一群朋友帶著當時小五的我到陽明山游

泳。仗著之前參加過游泳隊，我很有自信地在水裡游來游去，卻沒料到山上的水很冰涼，不久我的腳就抽筋，溺水了。當時我拚命掙扎，腦部開始出現缺氧的狀態——那是一種到現在都還記得，很舒服、熱熱的感覺布滿全身，正當我要放棄掙扎之際，下巴被人一把托出了水面。

在岸上慢慢舒緩過來後，我問救生員哥哥，他老早就看到我溺水，為什麼不早點來救我？他回答，他得等我準備好被救援時才能出手，否則他也會被我拖進水裡。才小學五年級的我，聽得懵懵懂懂，但這個「你得準備好我才能救你」的概念，卻從此在我腦袋中萌芽。

以致後來在人生各種的事件中，只要對方還不在預備好接受的狀態，我一概都不主動出手。就算對方的確主動了，但只要後來改變主意，我也能很快地放手。因為若是你的心不想接受，再勉強也沒有用。

之前提到我的孩子曾在加拿大蒙特婁生活三年，當時他們都用法語講祕密，我以為回到台灣後，也可以延續這股優勢，讓他們繼續練習法語，成為具有職場競爭力的雙語人才。奈何回到台灣後，孩子們眼前有太多喜歡的新鮮事，也覺得在台灣幹麼講法語，學習開始變得很不投入。後來看法語老師也教得超級痛苦，我就放手沒讓他們繼續去上課。

但當時我還是沒放棄讓孩子成為雙語人才的夢想，聽說有個法國家庭的孩子在家自學，正好需要友伴。我就和那家的法國媽媽連絡上，兩人興高采烈地安排各式學習活動，要給兩家孩子一起玩。可惜我的孩子覺得法語和他們沒關係了，無論我們再怎麼創造動機，也引不起他們的興趣，最後只好又放棄了。

這種只有媽媽一廂情願的例子讓我學習到，只要孩子沒準備好要接受，就算食物拿到嘴邊也沒有用。加上前述溺水的經驗，救生員說的：「妳得準備好，我才能救妳」，否則也可能讓救人的一方受傷，所以我後來暗暗下定決心：除非你們求我、求我，再求我，否則我絕對不出手。

只是當我這麼想時，生命又給我另一個進階版的學習機會。

那是兒子女兒小學的時候，受到漫畫影響加上體育老師極力鼓吹，兩個人卯起來求我，要學網球。當時老師還建議，如果要學就要下定決心，最好一次約定上課半年且不退費，這樣才不會浪費彼此的時間。於是，我和孩子們說了，媽媽為了讓他們學網球，必須付出很高的金錢代價，孩子也信誓旦旦地說一定會好好學。然後我就付出了大把銀兩，開始接送孩子練球的生涯。

沒想到才過一陣子，孩子就說不想學了。當時我簡直氣瘋了，指責他們：「學網球是你們自己要求的，需要的衣服器材都買了、錢也交了，我的時間也投下去了，你們總要學會什麼叫做勉強吧？」於是孩子在媽媽的情緒勒索下，勉強著自己像行屍走肉般，只要時間到了就讓我載他們去練球。

又過了一陣子，看到孩子的學習狀況依舊不佳，連帶也讓我情緒低落，才終於下定決心，認賠殺出，終結這場孩子痛苦、教練痛苦、我也痛苦，大家都痛苦的戰役。而我也從這場網球戰役認識到，即使他們之前和網球愛得死去活來，哀求著、承諾著會好好地愛網球，但，後來不愛就是不愛了。就算你喊一百遍：「明明是你們說要的，還花這麼大的力氣，現在為什麼不要了？」也是沒有用。

因為，沒有為什麼。不愛，就是不愛了。
為了義務綁著，大家都痛苦。所以既然不愛了，乾脆就放手。
以上的故事說明了，何以我後來對任何事都採取佛系態度。

我從自己和孩子的生命經驗學到，當對方還沒準備好要接受你的禮物時，就像台語說的，你可以把牛拖到水邊要牠喝水，但牠不願意張嘴喝也沒用。更學到當一個人起了渴望的心，也付出了行動，卻不見得非得達到原有目的才叫成功，而是從整件事學到的所有課題都是。

在每次的嘗試當中，我珍惜學習到的，什麼是適合我的，什麼是不適合我的。我也學到有時候**感覺只是一個感覺，有渴望不一定要立刻行動，有渴望很好但稍微等一下，先評估之後再行動**。

還有，我學到最珍貴的一課，就是認賠殺出、學會放手。這也是為什麼我的人生，能夠不受情緒折磨的很大原因。

媽媽永遠無法為孩子受苦，
怎麼做，都不見得如孩子的意。
還是讓他們學會為自己作主，走好自己的路。

兔包の崩潰日記
媽媽想代替你生病

不過是生活轉向而已

「讀書才有前途」這句話並非金科玉律，每個人都有不同的特質，放棄不等於全盤皆輸，搞不好更有成就。

然而或許會有人說，面對金錢可以認賠殺出，但面對孩子的學業能這樣做嗎？面對婚姻、身體、生意等等都可以認賠殺出嗎？我想在放手認賠殺出之前，必須先經過許多努力，也得要全盤搞清楚狀況後才能做出決定。

好比，學業成績不好的原因有很多。像我小時候成績不好是因為聽不懂，一個地方卡住跟不上之後就上不去了，或者，像我兒子小時候成績不好，是因為他不知道學這個要幹什麼，所以讀不下去。而我女兒大學時申論題寫不好，是因為高中考試多是選擇題有標準答案，這種她就很會作答，但到了大學以後寫申論題的重點在於要有觀點，沒有標準答案，所以她的腦袋就當機了。

其他我見過的孩子，有的需要去操場跑很多圈，把能量放掉才能靜下來學習，有的則是需要先喜歡老師，才不會因為忙著討厭老師而無法學習。為了找出影響孩子學習的原因，家長、老師可以試試看先化身為學習有困難的他，以他的眼光去看、去理解到底發生什麼事。

很神奇的是，有時候家長只要回想自己小時候的經驗，就會瞬間瞭解孩子的問題，知道他為什麼學業成績會那麼差。

回到學業、婚姻、身體、生意，可以認賠殺出嗎？一樣，只要搞清楚發生什麼事再做決定，或者如果可以解決，那也就沒有什麼認賠殺出的問題了。

就算最後認清讀書實在不是孩子的強項，再搞下去孩子的情緒和自尊都會崩塌、全家也陪著要瘋掉，這時認賠殺出也不等於全盤皆輸，不過是生活轉向而已；婚姻不幸福，放棄婚姻，生活還是可以很快樂；身體不好，放棄期待自己是一尾活龍的幻想，還是可以做其他可負擔的活動；生意不好放棄生意，轉為受聘僱，生活一樣還是可以過。

就算學業成績不好，只要學會基本知識與技能，一樣能養活自己。就像我兒子認識的商場老闆，他們並非所有人從小是非常會讀書的，或許正是他們當時的精力都拿去注意生活和交朋友，才會有後來的成就。

扭轉不合適的既定印象

有次家庭聚會結束，弟弟載我回家。路上談起我們家人的學習路徑可分為兩條：一是學校體制路線，一是自學路線。而我弟和我兒子都是走自學路線的人。我弟弟生意做得很好，現在是家裡錢賺得最多的人，也是最常回家陪媽媽健身、幫媽媽處理事情的孩子。

弟弟說：「這個社會瀰漫著非讀書不可的氛圍，但現在我跟妳兒子都過得很好，代表讀書才有前途這句話並非金科玉律，還是得看每個人的特質。如果不愛讀書，那就早一點往另一條路去走，別太勉強。」

這番話讓我想起我哥之前說的，很多人因為不知不覺、因為覺得大家都是這樣，就盲目地跟隨某些飲食方式，結果因為自己的身體條件不同，最後導致糖尿病還引起併發症或潰爛。這樣的類似情況，套用在教養子女上也完全可以成立。

首先是父母不知不覺地相信，沒有頂尖的成績就會完蛋。然後孩子被逼得受不了，不想忍受待在學校一天坐八小時以上的痛苦，開始逃學、對父母講話不客氣，失去自信躲到房間，不去上學也不去工作。父母雖然覺得不對勁，但是習慣和觀念沒有及時改變，所以想盡辦法要孩子回到學校體系，於是和孩子的關係每況愈下。

有些來找我諮詢的父母，在聽到我說，孩子不一定得待在學校之後，經常就是沒有下文。習慣之所以難改，是因為它有著強大的腦部神經優勢，反射動作、想都不用想地認為「事情本來就是這樣」。有時候則是因為它被賦予了強大的情感連結，譬如吃米粉湯會帶給你小時候的幸福感、不讀書會有生存危機的恐懼感，因此難以改變。

想要扭轉習慣所帶來的情感衝動，還是得回到正念。停一下，呼吸，先讓衝動過去。

讓你腦部的各種信念在冷靜狀態下整合，做出最好的決定。好比衝動時請告訴自己：「我可以吃這碗米粉湯，但等一下，我得先吃蛋白質和蔬菜，吃完過一小時還想吃米粉湯，再去吃。」；「我可以堅持孩子要走讀書這條路，但是等一下，我先好好觀察，眼前這個孩子做什麼事情最有效能、最開心，再來和孩子商量哪一條路最適合他。」

到底要不要稱讚？

面對不熟悉的新挑戰，
需要有人告訴他對或不對的狀況下，
不要客氣，給他大力地肯定下去。

接受演講邀約時，主辦單位常會跟我要宣傳照。但其實我沒什麼像樣的照片，常常隨便找個過去上通告和主持人的合照，裁一裁後交差了事。只是次數多了，我自己也不好意思，於是請《和自己，相愛不相礙》的封面攝影師Dino，幫我拍了幾組照片。

那天拍完照後，還來不及卸妝，就和老友素素接著茶敘。素素看到我說：「今天有拍攝行程啊？」跟素素交代了這次拍攝行程的始末，她好奇地問：「妳為什麼會選擇 Dino 幫妳拍照？」

我說：「原本我也不曉得為什麼，只是一個直覺。但今天拍攝的過程也讓我發現，為什麼我想都不想就請 Dino 拍照。因為就我過去的拍照經驗，只有讓 Dino 拍的時候最自在，拍出來也好看，所以需要拍照的時候，我自然就想到他。

Dino 拍照的時候，會一邊按快門，一邊說：『可以、可以、可以。』那是很奇妙的經驗，很像被催眠一樣，也會跟著告訴自己『我是可以可以可以的』。當然，在覺得自己是『可以』的時候，很自然就會放鬆。」

素素說：「妳的意思是他很會鼓勵嘍？都不會糾正妳？」

我說：「會喔，他會糾正我。在狀況不佳的時候，他也會說：『酒窩不見了、僵掉了。』但我聽到他這麼說並不會緊張。因為聽了幾百次的『可以可以』，所以我知道我是『可以』的。只是酒窩不見了，只是僵掉了而已。

至於那些『不可以』的部分，他也會清楚地告知酒窩要露出來，而不是用『你怎麼這麼僵』的敘述法。畢竟『你怎麼如何如何』的敘述法，很容易讓人觸碰到自己過去被指責的相關經驗，導致臉部表情只會越來越僵。」

素素說：「那他怎麼不說很好、很好、很好？很棒、很棒、很棒？」

我說：「他如果說『很好』、『很棒』我反而會不相信。畢竟人家是專業攝影師，拍過那麼多的專業模特兒。他用『可以』這兩個字，反而讓我覺得他是真誠的。」

素素接著問：「人家都說不要稱讚小孩，才不會操弄小孩。但聽妳這麼說，我都搞不清楚到底要不要肯定、稱讚小孩了。」

我說：「我認為要不要稱讚得看狀況。首先我們要知道人的心智如何運作。我們的腦部會不斷地巡弋，確認自己是否在『對』的路徑上，如果不確定，就會花很多心力懷疑自己，也無法放鬆，往對的方向修正。

所以如果是面對完全不熟悉的新挑戰，需要有人告訴他對或不對的狀況下，那就不要客氣，大力地給他肯定下去。但給予的肯定跟稱讚絕對要真誠，如果只是隨意敷衍，對方不僅不會相信，也不會幫助他往對的方向走去。

另外一種需要給肯定的狀況是合作與溝通。在和他人合作時，我們得先確認對方的『對』和我的『對』是不是一致。而當對方做『對』的時候，你得不吝於肯定，他才知道要怎麼和你配合。

至於不適合讚賞和肯定的狀況，目前我想到的是，企圖影響他人照你的意思去做，而那件事情又和你的權益無關時。我舉個例子，孩子念什麼科系其實和你的權益無關，這時候我們就不適合用稱讚來影響孩子做選擇。要是孩子為了贏得你的讚賞，去念你喜歡的科系，但萬一哪天這個科系的就業市場不佳，或是他一點興趣也沒有，我們絕對扛不起這個責任。」

所以到底要不要給肯定？要不要給稱讚？就如同刀之兩刃，水能載舟也能覆舟。**與其尋求單一的答案，還不如先去了解人類的心智如何運作，這樣就可以在不同的狀況下，做出合適的決定。**

糾錯前，先注意他的優點

給予讚賞需要視事件與情況，而給予指正又是另一門學問。我自己也是在學校當老師後，跌跌撞撞摸索好多年，才慢慢找到如何指正孩子卻不會惱怒他，甚至還願意開開心心向你學習的竅門。

好比最近辦活動要借場地，負責的學生跟我要計畫書以便上傳當佐證資料。才把計畫書回傳給他不久，學生就來問：「老師，這個『誤』餐費是打錯了嗎？應該是『午』餐費吧？」

好吧，大部分的成年人都會知道是「誤餐」費無誤，但對一個高中剛畢業的學生來說，不知道誤餐費也是正常的。我反而覺得他把送出去的文件先閱讀一遍，這點倒是很難得。

所以我沒有馬上糾正他，而是先稱讚他：「你竟然有先看過老師的計畫書，注意到這個細節，而不是唏哩呼嚕地傳出去，這真是好習慣。這個習慣未來可以幫你省去很多麻煩呢！」

這樣的回饋會固化學生的好行為，未來他把任何文件送出去前，都會想起這個好經驗，也會更有耐心把文件審視過一遍再傳出去。接著我若無其事般地講解「誤餐費」的正確用意，說：「誤餐費的意思是『誤』了午餐。」然後就又講一些行政流程：「餐費核銷比較麻煩，要每位吃飯的人都簽名。」讓指正變得輕輕淡淡。

如果我沒有先稱讚他的細心，第一時間就直指誤餐費不是午餐費，學生可能會解讀成我在指責他的無知。即使這些對話不過是一些看似單純的訊息，他也可能會感到羞愧不舒服。嚴重的話下次還會躲著我，或是不想再扛起任何公共事務以免又被指責。

人類的腦部為了生存，比較容易看到「不對」的事，也會急著想更正。直接回覆學生：「什麼午餐費？你連誤餐費都不知道嗎？」也沒有不對，但當對方聽到自己被說「不對」時，大腦的杏仁核就會被激怒，對方若是因此處在自卑和憤怒下，就很難再收到你的好意與教導了。

因此，當孩子詢問問題或做新嘗試時，先注意他的優點並且說出來，如此一來，不僅能幫助他建立信心，願意站在既有的基礎上奮力再往高處爬，而且還會因為你看到他的優點，讓他對你的人和你教的東西有好感，更有助於提升學習的效果。

看見孩子的能力

家長總認為要做孩子的保護者，
常阻止孩子去冒險，
但或許他們從來沒有我們想像中的那麼脆弱。

朋友的孩子索尼隻身前往美國的大學就讀，我幫他介紹了一位當地朋友，希望可以就近照顧。到了當地，索尼還沒和我朋友見面前就先跟我報平安，我也詢問他是否一切安好？

索尼淡淡地說：「那天在火車站碰到了流浪漢。他上上下下地拉著褲襠拉鍊，繞著我轉。我趕緊上了計程車離開，車剛走我就察覺手機不見了，回頭一看，才發現那個流浪漢正追著車子跑，手上揮舞著我的手機要給我。」

我一聽五味雜陳，心裡盤算該安慰他說，只有車站附近才會這麼亂嗎？我很擔心他會以為當地都這麼恐怖，會害怕到難以安心讀書。然而轉念一想，現在重要的不是我怎麼做，而是他怎麼想？我知道我不能為了要馬上緩解他的焦慮而急著說些什麼，因為這樣會幫他劃上句點，讓他失去繼續說下去的動力。我得勒住舌頭，好好聽他說才行。

等他說到一個段落，我才問他：「如果是我，我一定嚇壞了。你呢？你怎麼看這件事？」

索尼說：「我很感謝他拿手機追過來。」

聽到他的話，我的長輩魂立刻上身，心裡想：「這孩子會不會太沒有危機意識啊？第一個念頭竟然是感謝？我是不是該引導他認識世界是有壞人的？」

幸好我還是即刻提醒了自己，千萬不要在杏仁核還很腫脹的時候下結論，武斷地認為他是個天真的孩子，我得先把話都聽完。

後來我改問他：「去學校還順利嗎？」

索尼說：「都很順利。不過去辦事情時，也碰到一個遊民走過來，舉起拳頭對我說：『go back to where you came from』。」

聽到這裡，我已經擔心得杏仁核快要爆炸了，也察覺到自己各種要他小心的話快衝出口，所以，我趕忙勒住舌頭，告訴自己若我現在叮嚀他，可能會讓他懷疑自己，甚至還會讓他覺得我在輕視他的危機處理能力。畢竟我們在被旁人叮嚀時，不也常這樣嗎？所以我不動聲色地聽他說下去。

索尼繼續說：「後來有一個人過來阻止他。」

太神奇了！我好奇那個人是不是警察？還是社區巡邏或認識的人？

索尼說：「應該都不是。那就是個路人，只是看到了過來給我解圍。」

這個時候同理他應該是個好選擇，但是又怕會同理錯誤，所以我還是先確認一下，問他：「我第一個念頭還是，如果是我，我一定嚇壞了。你呢？你怎麼看這件事？」

索尼說：「我很感謝那位幫我擋下來的人。但我那時逃得太快，來不及跟他說謝謝。」

又是感謝！這下子我的杏仁核真的要爆炸了。這個孩子怎麼一直在感謝，會不會太沒有危機意識啊？

覺察到自己就要暴衝起來，我再度告訴自己，「停！我不能驟下結論。這個孩子確實有逃走，並不是沒有危機意識。」但我得再多問問，才能了解索尼是怎麼想的，他會這麼樂觀一定有原因。

於是我又接著問：「你對這兩個事件的第一個念頭都是感謝，好像沒有因為這樣就對這個城市失望。我很好奇，為什麼你的反應不是想要離開這個不友善的地方？」

索尼搖搖頭說：「從銀行行員、商店店員的友善，到跑過來解救我的陌生人，都可以看出這個城市對於非白人還是友善的。況且，也看得出來這兩個流浪漢多少都有精神上的問題，況且第一位只是行為怪異而已，他還會追車想還我手機，我實在想不出來為什麼要對這個城市失望。」

我跟索尼說：「你知道你最大的優勢是什麼嗎？是即使遇到兩次危機，你仍然可以鳥瞰全景，沒有被恐懼所綁架，也能依據觀察結果，做出公平的結論。」

索尼笑笑說：「我隱約也知道這是我的優點，但妳是第一個說得這樣直接的人。」

家長與長輩總是認為應該要做孩子的保護者，經常不經思考就阻止孩子去冒險。然而孩子真的在險境中嗎？到底危險是我們沒問清楚下的恐懼想像，還是他們真的處在險境？好，就算孩子是真的處在險境，或許他們也從來沒有我們想像中的那麼脆弱，早就有了應付危機的能力。

孩子終究要進入無處不是挑戰的社會，如果不去讓他歷險，是要怎麼習得應變能力？

雖然擔心在所難免，但反應不要過當。家長與長輩或許可以試著把注意力從自己的焦慮，轉移到去靜觀孩子是如何看待他的經歷。勒住舌頭，別讓自己的杏仁核被恐懼綁架，好好看著眼前的孩子，好好聽他怎麼想，好好的看他怎麼處理。

然後，你會像我一樣，在擔心的迷霧散去後，看見孩子的優勢。當他知道你是如此看待他、欣賞他的優勢時，他也會變得更有自信，這也就是賦能（Empowerment）。

訓練他做自己的總經理

把人生的決定權還給孩子，
就算一開始跌跌撞撞、不進則退，
也都只是必要之惡而已。

滿是憤怒、失望、傷心的陳媽媽來找我。她說她兒子很聰明，但就是人懶又有選擇困難症，只要讓他自己做決定，就會拖拖拉拉辦不成事。為了讓他盡快融入學校、融入社會，跟上大家的腳步，從小她就得幫兒子決定大大小小的所有事。

幸好兒子很乖也很聽話，時間到，切掉網路，他也就乖乖去睡；叫他去上補習班就乖乖去上課。果然兒子不負媽媽所望，在她形容「孩子最大的潛能被我激發出來了」的情況下，如願考上了台大。但陳媽媽沒想到，兒子住進台大宿舍後，沒了她的指導就開始打電動。兒子還告訴她說，其實他常打電動打到想吐，但如果不打，內心就會有一個「我不喜歡這裡」的聲音出現，然後越來越大聲。於是他連課也不去上，最後從台大退了學。

知道兒子不喜歡他讀的科系後，陳媽媽也問過兒子：「要不然你自己說，你想要讀什麼系？」但兒子說不出來。於是她再一次幫兒子做好所有的安排，再一次兒子又不負眾望考上了另一所國立大學。但一脫離媽媽的管轄範圍後，台大事件再度重演，最後兒子還是離開了學校。這下真的炸鍋了。周圍的親朋好友也紛紛耳語，大家都在討論這件事究竟是誰的錯。

陳媽媽委屈地來找我，說：「我究竟做錯了什麼？我還有別的選擇嗎？面對一個有選擇障礙、有拖延症的孩子，眼看車子就要撞過來了，我能不一把把他拖過來，免得他被撞死嗎？」

我完全能夠瞭解陳媽媽的兩難。因為我的確看過許多慢條斯理的小孩，你不逼他，他就靜靜坐在那裡一整天也不動。只是陳媽媽原本的善意，卻在孩子不符合社會期待、被退學時，變成千夫所指的「控制」了。

和陳媽媽談話的當晚我作了個夢。夢裡，我任教的大學宣布，以後各個科系要自負盈虧，老師的薪水與營運經費要自己去賺。所以我馬上跳出來計畫和分配事情，但大家都指責我規劃的方向他們不喜歡，還覺得我分工不均。後來我說要不大家都來說說，自己「想要」和「應該」做的事吧。然後整個晚上的夢，就在聽著每個人的「想要」和「應該」，那個夢好長好長，超累的。

醒過來後我躺在床上回想整段夢境。發現一個人要搞清楚自己的「想要」和「應該」就已經很難了，更何況還要說出來？難怪作一個夢得花這麼久的時間。而且說出來後，除了別人要聽得下去，還得跟他們的「想要」和「應該」協調，最後得出一個大家都願意試試看的方向，真的很不簡單。

那難道就沒有更簡單的方法了？我想了又想，覺得如果是像疫情這種緊急事件，還可以來個強人領導，登高一呼。但人生日常就是這種不斷協商的過程，否則就會如夢裡的那樣大家都不滿意，於是耳語、嫌棄，發出種種抱怨，事情也會因大家的抗拒而停滯不前。然而再轉個念想想，畢竟要有共識、有效率，也是需要花時間去培養的，所以「拖磨」也只能算是必要之惡吧？

放手讓他自己去找答案

一個星期後陳媽媽又來會談。我問她：「妳會開始幫孩子安排課業、決定生活大小事的原因是什麼？」

陳媽媽說：「我兒子缺乏計畫與領導自己的能力。你得具體指給他看，說『這是你的目標、你得如何做』，他才會有動作。妳不這麼做，他就像一家公司沒有了總經理，每個員工都坐在那邊像廢物一樣，但妳明明知道這些員工的能力都很強，所以才令人氣到跳腳。」

我說：「於是妳就自己跳進去，成為兒子生命裡的總經理。只是一開始這個策略的確很成功，但後來就行不通了，是嗎？」

陳媽媽：「對！上大學以後就沒有用了。我也沒辦法當他的總經理，因為太遠了我管不到，也不知道他讀了什麼，不能再幫他規劃。」

我問：「如果時間倒流，妳覺得可以怎麼做，讓他變成自己的總經理？」

陳媽媽思考了一下，自言自語地說：「國小？不行，這樣老師就會來告狀，說他這個忘了、那個忘了。國中？更不可能，高中？高中對於讀哪所大學的影響很大，所以不能賭也不能放手。」她搖了搖頭，又說：「我想不出任何放手的時候。」

我繼續問：「那妳在當他的總經理時，心裡是怎麼想的？」

陳媽媽回答：「我會想『你沒寫作業，明天會被老師罰，班上同學也會看不起你。學校也是很現實的修羅場。』所以我會直接規定他，功課幾點要寫完，要不然就罰他不能看電視之類的。」

我說：「如果把妳想的變成問句，由兒子自己來找答案呢？譬如，作業沒寫完會發生什麼事？」

陳媽媽說：「他只會強辯說老師不會罰他，同學不會看不起他。」

我說：「但妳知道老師一定會罰他。」

陳媽媽說：「對！一定的。小學老師一定會罰他。」

我說：「好，如果真的讓老師罰他，讓他得到應得的後果呢？妳說要是老師真的出手罰他，他還不會改善嗎？」

陳媽媽說：「但我沒辦法這麼做。這樣老師就真的會不喜歡他了，也只會覺得我是個不負責任的媽媽。」

我說：「所以聽起來為了成為老師眼中負責任的媽媽，妳就一路幫兒子負責任，負責到兒子成為不負責任的人，而妳成為千夫所指不負責任的媽媽。」

陳媽媽嘆了口氣：「哎，當初為了止住小痛，怎麼會想到現在卻反而變成大痛。我現在該怎麼做才好？」

我說：「把總經理還給妳兒子當嘍。」

陳媽媽說：「無為而治？不管他嗎？不管不行啊，老師。我也曾經試著不管他，但他就真的自得其樂，整天在家摸來摸去、晃來晃去。」

我笑說：「剛開始當總經理還沒經驗嘛！不然妳可以去問他問題，引導他想答案啊。」

陳媽媽說：「我看，他得要想很久。」

我說：「就讓他想很久吧！他已經兩次都依照妳的意見走，結果去了他不想去的地方，最後只能打回原點。所以這次就讓他自己去練練，要練多久？不知道，但總是得開始。總有一天他會練到不用妳提問，也能自己去規劃與決定。或許，他想的不是妳要的答案，也不是妳覺得有效率的做法，但他做了自己的總經理，為自己的人生負責了。」

陳媽媽說：「可是他如果要想十年呢？」

我說：「那妳就不要幫他交網路費、電話費，不要煮飯給他吃，也不幫他洗衣服，妳覺得他還能想十年嗎？」

陳媽媽說：「其實不管是算命的說，或者依我看他的能力，要是他願意往金融方面發展一定會有好結果，也能省下很多路，但他為什麼就是要把事情搞得那麼難呢？」

我說：「就如妳說的，那也得要他願意。問題是人就像一間公司，是由好幾個部分組成，有很多不同的想法和渴望。我們也得跟自己協調好，瞭解自身的『意願』到底是什麼。上次妳來找我的那晚，我作了個夢，夢見我在幫同事分配工作，但無論怎麼分，大家都不滿意。

而妳就像夢裡的我，無論怎樣做兒子都會不滿意。所以妳只能放手給他自己去做決定，就算很花時間，還是要把決定權交給他。過程中他的內心一定會有很多拉扯，但妳仍要給他時間去摸索和協調，或許看他跌跌撞撞會讓妳很心疼，然而要知道，他已走在當自己人生總經理的道路上了。」

教養孩子都是媽媽的事？
或許得先操控另一個長子，
再去處理其他孩子。
是說，別人的兒子好教嗎？

兔包の崩潰日記
或者可以先訓練老公
等我一下！快好了
馬麻，哥哥搶我的課本啦!!
這本是我的啦
理智線
啪 啪
血壓
200
100
0
怒氣

最厲害的管理，是讓孩子管好自己

光是安靜地凝視，
也會讓孩子跟著冷靜去想自己該做的事，
不需賞罰他們就能自律地獨立生活。

我哥哥連兩週沒回台北參加家庭聚會，所以一回來就趕緊幫媽媽補充維他命。可他手上雖然忙著，但嘴巴卻沒停過，打從我跟弟弟、弟妹進家門後，就一股腦兒地把堆積了兩週的話給傾倒出來，一下講他長時間在醫院，辦公室放滿健身器材、VR、掃地機、拖地機，又因為不好意思讓事務單位進來打掃維修，所以自己辛苦地換燈管；一下子又說，他如何找到最厲害的清潔劑，可以把老舊大樓的廁所洗得乾乾淨淨……

看到哥哥話匣子講不停，媽媽輕輕走到他後面說：「先把東西裝完再說話吧。」哥哥聽了，原本停下來的手又趕快動起來，繼續把維他命裝進盒子裡。但才一下子，他又想到有趣的話題，手不自覺地停下來，又跟我們聊成了一團。聊著聊著，他忽然意識到不對勁，說：「哎唷，媽媽在看我。」繼續火力全開地裝維他命。

當下，我往媽媽的方向看去。發現媽媽就如平常一樣，恬靜安適，靜靜地看著我們，靜靜地聽我們說話，沒有生氣的表情，沒有山雨欲來前的靜默，更沒有用上帝視角看著一直講話忘記手上動作的哥哥。就只是靜靜地看著。

在那一刻，我了解何以我能夠這麼無為而治，不需賞罰孩子，也能讓孩子自律地獨立生活。原來就是來自我母親的身教，她讓我看到了什麼叫做輕鬆教養不生氣。光是靜靜地看著，不需語言，我媽就已經比河東獅吼還要厲害千萬倍，能讓我們自己管好自己。

因為當我們這些小孩興奮到忘我時，她那安靜的凝視，總會讓我們意識到要緩一緩、停下來。會去想像從她眼睛望出去的我們像是跳來跳去的猴子，於是也會跟著安靜下來，然後用腦袋想想自己現在該做什麼。

你說我媽沒有管我們嗎？從表面看起來的確是沒有，但她最厲害的管理就是，讓我們意識到要管理好自己。

嘟嘟好的關心

我祖父在孩子出生後不久就離家出走，祖母則在很年輕的時候就過世。所以自小無父無母的父親，在大稻埕生存得夠草莽，因此我爸都自稱他是斯文流氓。每次聽他講話都覺得又直又衝，有一天我好奇地問媽媽：「爸爸會稱讚妳嗎？」

媽媽沒有直接回答會或不會，而是說：「他不會把我對他的好，視為理所當然，會跟我說謝謝。」

我又問：「可以舉個例子嗎？」

媽媽說：「譬如有一次，他要去打高爾夫球。我記得他說過膝蓋痛，所以半夜起床上廁所時，順手把一個護膝放在他要帶出門的球袋裡。隔天妳爸爸打球回來，我正在睡覺，他就走到床邊說：『謝謝妳，看到護膝我很感動。』」

聽到媽媽說的話，我跟其他家人都很驚訝，才知道原來像我爸這麼草莽的人，也有這麼感性的一面。

「那也是因為媽媽做得嘟嘟好啊。」我弟說道。這話讓大家更好奇，什麼叫做嘟嘟好？弟弟繼續說：「我有個球友，每次洗澡前老婆就會幫他準備好要更換的衣服。出去打高爾夫球也是，不用他整理袋子、準備衣服，全部都是老婆包辦。但是他卻一點都沒有覺得感動，反而認為自己連穿什麼襪子的自由都沒有。」

願意付出固然是好，但若是一廂情願的付出，得到的回饋可能就會令你感到委屈。當對方習慣你的付出，你的用心只會被視為理所當然；當對方沒準備要接受你好意，你的用心就會被人覺得討厭。還是像我媽這樣嘟嘟好就好，**不拿走他人照顧自己的責任，只有在發現對方有需要時才會給予，這樣不僅付出的人不會被視為理所當然，收到的人也充滿感謝。**

有時我們對孩子的付出不也應是這樣？

國家圖書館出版品預行編目資料

做孩子需要的媽媽,就好/郭葉珍作. -- 一版. -- 臺北市：三采文化股份有限公司, 2022.02
面； 公分. -- (親子共學堂)
ISBN 978-957-658-727-6(平裝)

1.親職教育 2.親子溝通 3.子女教育

528.2 110021171

suncolor 三采文化集團

親子共學堂 40

做孩子需要的媽媽，就好：

教授媽媽郭葉珍〔聽、愛、馭〕三步驟，化解衝突，讓孩子願意聽你說

作者｜郭葉珍　插畫｜兔包
副總編輯｜王曉雯　主編｜黃迺淳
美術主編｜藍秀婷　封面設計｜池婉珊　內頁設計｜池婉珊
內頁編排｜陳佩君　校對｜周貝桂

發行人｜張輝明　總編輯｜曾雅青　發行所｜三采文化股份有限公司
地址｜台北市內湖區瑞光路513巷33號8樓
傳訊｜TEL:8797-1234　FAX:8797-1688　網址｜www.suncolor.com.tw
郵政劃撥｜帳號：14319060　戶名：三采文化股份有限公司
初版發行｜2022年2月25日　定價｜NT$380
5刷｜2023年4月30日